Marion Hahnel
Monika Heidtkamp

Knifflige Lese-Fälle mit Theo Tüftel

2-fach differenzierte Lernkrimis zur Leseförderung in der Grundschule –
aktualisierte Neuauflage

Verlag an der Ruhr

Impressum

Titel
Knifflige Lese-Fälle mit Theo Tüftel
2-fach differenzierte Lernkrimis zur Leseförderung in der Grundschule

Autorinnen
Marion Hahnel, Monika Heidtkamp

Umschlag- und Deckblattmotiv
Theo Tüftel: Monika Heidtkamp, Fußabdrücke: © Polina Tomtosova – shutterstock.com

Illustrationen im Innenteil
Monika Heidtkamp

Druck
Athesia Druck GmbH, Bozen, IT

Geeignet für die Klassen 3–4

Wilhelmstr. 20, 45468 Mülheim an der Ruhr, E-Mail: info@verlagruhr.de
aktualisierte Neuauflage des Titels:
„Kniffelige Lese-Fälle mit Theo Tüftel – Klasse 3/4:
Mit differenzierten Mini-Krimis Textverständnis und Lesemotivation fördern“
(ISBN 978-3-8346-2311-9), 2019.
ISBN 978-3-8346-6690-1

Inhaltsverzeichnis

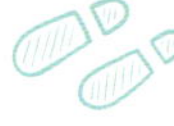

Vorwort

Liebe Kolleg*innen [1],

seit vielen Jahren lesen wir mit unseren Grundschulkindern Detektivgeschichten mit Meisterdetektiv Theo Tüftel im Deutschunterricht. Dabei stießen die Geschichten bei den Schüler*innen auf derartige Begeisterung, dass wir uns immer neue Kriminalfälle ausdenken mussten. Wir hatten daher die Möglichkeit, gezielt auf die Bedürfnisse und Interessen der Kinder einzugehen und unsere Materialien dementsprechend zu verbessern. Nun finden Sie in unserem Buch sechs spannende Fälle und alle Materialien, die Sie für einen motivierenden, gewinnbringenden Leseunterricht benötigen.

Diese Materialien finden Sie in unserem Buch

Sechs Kriminalfälle mit differenzierten Leseheften

Die Texthefte zu jeder Geschichte sind ähnlich aufgebaut: Kurze Textstücke wechseln sich mit den dazugehörigen Leseaufgaben ab. Auf diese Weise bleibt der Textumfang für die Kinder überschaubar und der Unterricht wird rhythmisiert. Am Ende jedes Textheftes benennen die Kinder den Täter oder die Täterin und begründen ihre Vermutung.

Zu jedem der Detektivfälle gibt es **zwei Lesehefte mit identischen Texten,** aber unterschiedlichem Schwierigkeitsgrad. Sie erkennen das Heft für **schwächere Leser*innen** am **Detektivkopf** neben dem Titel. Diese Lesehefte zeichnen sich durch **vereinfachte** Leseaufgaben aus, außerdem sind **zentrale Textstellen unterstrichen**. Die Texte der Lesehefte sind **zusätzlich** auch im Download (siehe QR-Code S. 8) vorhanden.

Die Geschichten in diesem Buch nehmen in ihrem Schwierigkeitsgrad zu. Dabei gilt: **Je mehr Lupen** neben dem Titel abgebildet sind (eine, zwei oder drei), **desto komplexer ist die Geschichte**.

Tüftel-Tipps

Zu jedem Detektivfall gibt es ein bis zwei „Tüftel-Tipps" als Kopiervorlage. Sie enthalten wichtige Hinweise auf die Lösung, verraten jedoch nicht den Täter oder die Täterin. In allen Leseheften wird an der entsprechenden Stelle auf den Tüftel-Tipp hingewiesen. Er sollte in der Klasse ausliegen, damit sich die Schüler*innen eigenständig Hilfe holen können.

Kreuzworträtsel zu jeder Geschichte

Das Kreuzworträtsel mit Selbstkontrolle befindet sich auf der letzten Seite des Lesehefts oder ist als separates Arbeitsblatt, das Sie in der Klasse auslegen können, vorhanden. Flinke Leser*innen dürfen es lösen, wenn sie mit den Leseaufgaben fertig sind. Im Rätsel werden Details aus dem Text abgefragt, sodass sich die Kinder noch einmal damit auseinandersetzen müssen.

Unterrichtsverlauf mit Differenzierungsmöglichkeiten und Tafelbild

Auch wenn Sie die Texte selbstverständlich nach eigenen Vorstellungen im Unterricht einsetzen können, halten wir einen ritualisierten Aufbau der einzelnen Unterrichtsstunden mit einer gemeinsamen, schrittweisen Erarbeitung des Kriminalfalls für besonders sinnvoll (S. 7). In den **Unterrichtsverläufen**, die Sie bei jeder Geschichte finden, geben wir Ihnen zusätzliche Anregungen und Tipps für die Umsetzung der Detektivstunde. Besonders wichtig ist uns dabei, Ihnen Möglichkeiten aufzuzeigen,

[1] Der Verlag an der Ruhr legt großen Wert auf eine geschlechtergerechte und inklusive Sprache. Daher nutzen wir neutrale Formulierungen oder das Gendersternchen, um alle Menschen unabhängig von Geschlecht oder Geschlechtsidentität einzuschließen.
In einzelnen Lesetexten für die Schüler*innen verzichten wir dennoch auf das Gendern bzw. verwenden auch keine Doppelformen. Dies ist eine Einzelfallentscheidung aus didaktischen Gründen und ist in keinem Fall ausschließend oder diskriminierend zu verstehen.

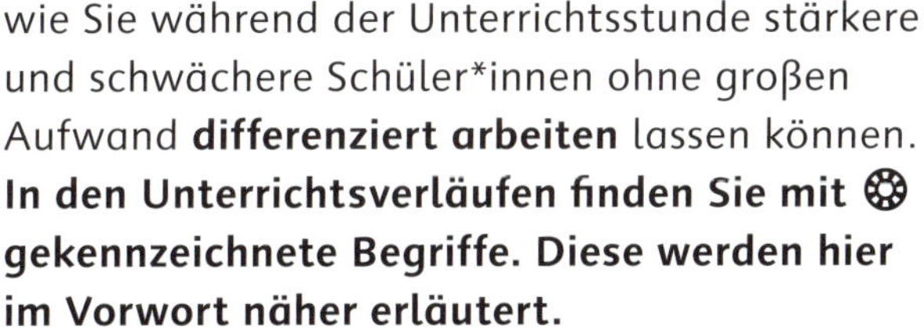

wie Sie während der Unterrichtsstunde stärkere und schwächere Schüler*innen ohne großen Aufwand **differenziert arbeiten** lassen können.
In den Unterrichtsverläufen finden Sie mit ⚙ gekennzeichnete Begriffe. Diese werden hier im Vorwort näher erläutert.
Das jeweilige **Tafelbild** zeigt, wie die Lösung des Kriminalfalls mit den beiliegenden Bild- und Wortkarten anschaulich an der Tafel nachvollzogen werden kann. Die Wort- und Bildkarten aus dem Download (s. QR-Code S. 8) können Sie für digitale Tafelbilder nutzen. Alternativ können Sie diese Bilder auch farbig ausdrucken.

Vorlesetexte zur Auflösung der Kriminalfälle

Um den Fall aufzulösen, gibt es zu jeder Geschichte einen Vorlesetext, in dem Theo Tüftel den Täter oder die Täterin entlarvt. So stellt sich auf motivierende Weise heraus, ob die Schüler*innen mit ihren Vermutungen richtiglagen.

Wort- und Bildkarten für das Tafelbild

Im Anschluss an jede Geschichte finden Sie **verkleinerte Bild- und Wortkarten** aller Personen und Gegenstände zum Ausschneiden. Über den Download (siehe QR-Code S. 8) können alle Grafiken und Wortkarten farbig heruntergeladen werden. Die Materialien sind für die aktive Arbeit an der Tafel gedacht:
Verdächtige können gruppiert werden, Personen, die nicht mehr verdächtig sind, aussortiert werden etc. Dies hilft den Kindern, den Fall schrittweise zu lösen, und veranschaulicht die Vorgehensweise.

Auf Seite 11 und auch im Download finden Sie außerdem Strukturkarten, die bei jeder Geschichte eingesetzt werden können (z. B. „verdächtig“, „unschuldig“).

Kopiervorlagen zur Wandgestaltung ⚙

Um den Fortschritt bei der „Detektivausbildung“ für alle Schüler*innen sichtbar zu machen, finden Sie zu jeder Geschichte eine Kopiervorlage mit dem Titel sowie ein passendes Bild, die nach der Lösung des Falls im Klassenzimmer aufgehängt werden.

Detektivausweis ⚙

In der ersten Lesestunde bekommen die Kinder Detektivausweise (S. 10 oder Download), in denen sie für jeden gelösten Fall einen Stempel erhalten. Ist der Ausweis vollständig ausgefüllt, haben die Kinder die „Detektivausbildung“ erfolgreich bestanden.
Es hat sich bewährt, allen Schüler*innen einen Stempel zu geben, wenn mindestens ein Kind der Klasse den Täter oder die Täterin gefunden hat.

Taschenlexikon für Nachwuchsdetektive ⚙

Bei der Vorlage auf Seite 12 handelt es sich um ein „Hosentaschenbuch“ (pocket book), in dem einige wichtige Fachbegriffe (z. B. Beweis, Motiv) geklärt werden, die für die Diskussionen im Unterricht hilfreich sind. Die genaue Bedeutung der Begriffe wird im Lauf der Detektivausbildung gemeinsam erarbeitet. Das Hosentaschenbuch wird ausgeschnitten, der markierte Schlitz in der Mitte wird eingeschnitten. Dann wird das Buch folgendermaßen gefaltet:

1.

2.
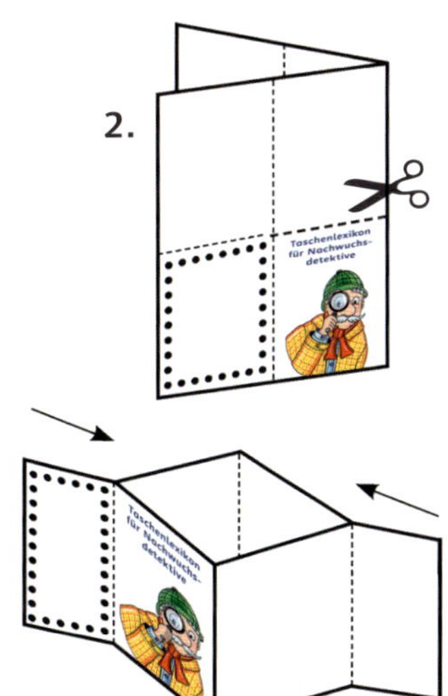

3.

5.

Vorwort

Kriminalfälle im Leseunterricht – warum?

Lesemotivation steigern!

Kinder lieben Theo Tüftels Kriminalfälle! Sie **identifizieren sich** mit Meisterdetektiv Theo Tüftel. Unsere Detektivgeschichten fordern die Kinder dazu auf, sich **aktiv** mit dem Text zu beschäftigen. Das Lösen der Kriminalfälle stellt ein **Erfolgserlebnis** dar, das auch schwächere Schüler*innen zum Lesen **motiviert**.

Sinnverstehendes Lesen fördern!

In allen Detektivgeschichten müssen dem Text Indizien und Beweise entnommen werden, ohne die sich die Fälle nicht lösen lassen. Hierzu tragen die Leseaufgaben nach jedem Textabschnitt bei.
Es werden unterschiedliche Lesestrategien trainiert:

- ☑ Unterstreichen oder Markieren wichtiger Informationen im Text
- ☑ Finden von Textstellen und Zeilenangaben
- ☑ Identifizieren richtiger und falscher Aussagen
- ☑ Korrektur fehlerhafter Textaussagen
- ☑ Interpretieren und Schlussfolgern
- ☑ Arbeiten mit bildhaften Darstellungen zu Textinhalten, z. B. Grundrisse, Skizzen, Bilder …
- ☑ Anfertigen von Stichpunkten und Notizen
- ☑ Nachspielen wichtiger Textstellen im Rollenspiel

Abwechslungsreiche Lesetechniken ❂

Durch die Gliederung der Lesehefte in Textabschnitte bietet es sich an, verschiedene Lesetechniken im Unterricht einzusetzen. Wir möchten Ihnen einige Beispiele vorstellen:

- ☑ **Vorlesen durch die Lehrkraft:** Dies bietet sich besonders für den Einstieg in die Stunde sowie für die Auflösung der Geschichte an und fördert das genaue Zuhören.
- ☑ **Partnerlesen:** Jedes Kind liest seinem Nachbarkind den Textabschnitt im Flüsterton einmal vor. Durch das 2-malige Lesen wird der Inhalt besonders vertieft.
- ☑ **Lesen in der Tüftelgruppe:** In Gruppenarbeit liest ein Kind den ganzen Textabschnitt vor oder die Kinder wechseln sich beim Lesen satzweise ab. Dies bietet sich besonders auf der letzten Seite des Textheftes an, da die Kinder gleich im Anschluss die Lösung des Falls diskutieren können.
- ☑ **Playbacklesen:** Ein Kind liest laut vor, die übrigen zeigen mit und sprechen geräuschlos dazu. Besonders motivierend ist es, gute Leser*innen spannende Textstellen vortragen zu lassen.
- ☑ **Lesen durch Antippen:** Ein Kind liest so lange laut vor, bis die Lehrkraft ein beliebiges anderes Kind antippt. So sind alle Schüler*innen gezwungen, mitzulesen.

Wie können Sie mit diesem Buch arbeiten?

Unser Material ist aus der praktischen Unterrichtsarbeit heraus entstanden. Wir haben über viele Jahre hinweg verschiedenste Vorgehensweisen ausprobiert und möchten Ihnen vor diesem Hintergrund einige Anregungen geben.

Theo Tüftel begleitet Ihre Schüler*innen über das ganze Jahr

Natürlich können die vorliegenden Geschichten auch unabhängig voneinander gelesen werden.

Es ist jedoch besonders motivierend für die Kinder, eine „Detektivausbildung“ mit Meisterdetektiv Theo Tüftel zu absolvieren. Dieses jahresbegleitende Projekt hat folgende Vorteile:

- ☑ Die Kinder identifizieren sich besonders mit der Titelfigur.
- ☑ Die Unterrichtsstunden können nach einem festen Schema aufgebaut werden, das mehrere Rituale beinhaltet.
- ☑ Einmal eingeführte Differenzierungsmöglichkeiten können immer wieder eingesetzt werden.

☑ Der wachsende Anspruch der Lesegeschichten berücksichtigt die Weiterentwicklung der Kinder.

Für die Umsetzung als jahresbegleitendes Thema finden Sie zusätzliche Materialien, wie den Detektivausweis (S. 10), ein Taschenlexikon für Nachwuchsdetektive (S. 12) und Kopiervorlagen für die Wandgestaltung im Klassenzimmer (S. 11).

Vereinfachen Sie Ihren Unterricht durch Rituale

Rituale im Unterricht erhöhen nicht nur die Motivation der Schüler*innen, sondern erleichtern auch Ihre Arbeit wesentlich: Bekannte Arbeitsweisen und Sozialformen ersparen zeitraubende Erklärungen, tragen zur Konzentration auf den Text bei und geben den Kindern Sicherheit. In den Unterrichtsverläufen werden Sie daher viele wiederkehrende Elemente entdecken. Vier Rituale, die uns besonders wichtig sind, wollen wir Ihnen an dieser Stelle genauer beschreiben:

☑ **Einstieg:** ❂
Ein sich wiederholender Einstieg zu jeder Detektivstunde führt zügig zum Thema hin und weckt die Vorfreude der Kinder auf einen neuen Fall mit Theo Tüftel. Besonders schöne Einstiege sind das Einspielen oder Pfeifen einer spannenden Musik (z. B. Titelmusik zu „The Pink Panther") oder des Geräuschs einer Polizeisirene. Es kann aber auch das Bild des Meisterdetektivs an die Tafel geheftet oder der Titel des Falls in einer großen Lupe an die Tafel geschrieben werden.

☑ **Tüftelgruppen** (3 bis 6 Kinder): ❂
Besonders motivierend ist es für die Kinder, die letzte Seite des Textheftes in kleinen Detektivgruppen zu lesen und gemeinsam den Täter oder die Täterin zu finden. Die Kleingruppen bieten schwächeren Schüler*innen Sicherheit und stärkeren Schüler*innen die Möglichkeit, unterstützend aktiv zu werden.
Auf der Suche nach der Lösung diskutieren die Kinder über Beweise und Gegenbeweise. Dies fördert in besonderem Maße ihre Argumentationsfähigkeit und vertieft das Textverständnis. Da die Kinder ihre Lösung den anderen Tüftelgruppen nicht verraten möchten, genügt meist der kurze Hinweis „Pssst! Geheim!", um sie an ein leises Arbeiten im Flüsterton zu erinnern.

☑ **Große Detektivversammlung:** ❂
Als große Detektivversammlung wird eine Sitzordnung bezeichnet, in der die Kinder besonders gut diskutieren und mit dem Tafelbild arbeiten können. Es bietet sich an, die Klasse dazu am Anfang und am Ende der Stunde im Halbkreis vor der Tafel zu versammeln.
Zu Beginn des Unterrichts erfahren die Kinder den Titel des neuen Falls, stellen Vermutungen an, besprechen den ersten Teil des Textes und beginnen mit der Gestaltung des Tafelbildes.
Am Schluss der Stunde kann die Musik des Stundeneinstiegs als Signal dienen, die Diskussion in den Tüftelgruppen zu beenden und sich wieder in der großen Detektivversammlung zu treffen.
Nun wird der Fall gemeinsam aufgeklärt: Dazu heften die einzelnen Tüftelgruppen farbige Magnete zum Bild des möglichen Täters bzw. der möglichen Täterin an die Tafel und diskutieren ihre Lösungen. Anschließend lesen Sie das Ende der Geschichte vor.

☑ **Geheimer Verdacht:**
Viele Kinder können sich kaum zurückhalten, Vermutungen zum Täter oder zur Täterin zu früh zu verraten. Daher erhalten sie zu Beginn jeder Stunde **Haftnotizzettel**, auf denen sie ihre Ideen jederzeit notieren dürfen. Damit ihr Verdacht geheim bleibt, kleben sie den Zettel bis zum Ende der Stunde unter den Tisch.

Nutzen Sie folgende Checklisten für Ihre Vorbereitungen

Vor der ersten Lesestunde sollten Sie ...

☑ den Detektivausweis (S. 10 oder Download) in entsprechender Anzahl ausdrucken und einen passenden Stempel bereitlegen.
☑ die Bild- und Wortkarte von Theo Tüftel (S. 11) für das Tafelbild vorbereiten.
☑ die Wortkarten zur Strukturierung des Tafelbildes (S. 11) kopieren oder aus dem Download ausdrucken (u. a. „Beweis", „Opfer" ...).
☑ verschiedenfarbige Magnete für die Tüftelgruppen bereitlegen.
☑ spannende Musik oder ein anderes akustisches Signal für den ritualisierten Einstieg suchen.
☑ eventuell eine „Knobelbox" bereitstellen, in der die Kinder die Tüftel-Tipps finden.

Vorwort

☑ die Überschrift für die Wandgestaltung kopieren oder ausdrucken, wenn Sie die Fälle im Klassenzimmer sichtbar festhalten wollen.
☑ das Taschenlexikon (S. 12) kopieren oder ausdrucken (Download), wenn Sie es zur ersten Geschichte einführen möchten.

Für jede Lesestunde benötigen Sie:

☑ **kopierte Lesehefte**
in entsprechender Anzahl für leistungsstärkere und leistungsschwächere Schüler*innen. Um Kopien zu sparen, können Sie einfach die Lesehefte im Download öffnen und doppelseitig ausdrucken. Wenn Sie die Seiten dann falten bzw. bei umfangreicheren Heften falten und ineinanderlegen, ergibt sich automatisch die richtige Seitenzählung. Hier im Buch hingegen finden Sie die Texte mit fortlaufender Seitenzahl.
☑ **Haftnotizzettel** für den „geheimen Verdacht" (s. o.)
☑ eine Kopie des jeweiligen **Tüftel-Tipps** (eventuell in der vorbereiteten Knobelbox)
☑ Kopien des **Kreuzworträtsels**, falls dieses nicht im Leseheft enthalten ist
☑ (ggf. laminierte) **Bild- und Wortkarten** für das Tafelbild, die Sie als Kopiervorlage im Buch und in Farbe im Download finden
☑ den **Vorlesetext zur Lösung** des Kriminalfalls
☑ eine Kopie des **Titels der Geschichte** zur Wandgestaltung
☑ gegebenenfalls **weitere Materialien** zur Geschichte, die bei den Anregungen zum Unterricht beschrieben sind

☑ Jede Schule und jede Klasse ist verschieden. Deshalb finden Sie im **Download-Bereich** (siehe unten) eine Vielzahl an Materialien, mit denen Sie die Lesestunden optimal auf Ihre individuelle Situation vor Ort anzupassen können:

- 2-fach differenzierte Lesehefte in einer entsprechenden farbigen Version.
- 2-fach differenzierte Lesehefte mit schwarz-weißen Grafiken, die die Kinder ausmalen können.
- Alle Grafiken zu den Geschichten im PDF-Format zum Ausdrucken und zur Nutzung an analogen Tafeln.
- Alle Grafiken zu den Geschichten im JPG- und PNG-Format zur Verwendung in einer digitalen Tafelsoftware.

Wir wünschen Ihnen und Ihren Klassen viel Spaß beim Lesen und Tüfteln!

Die Autorinnen

Ihr persönlicher Zugang:
Die Zusatzmaterialien können Sie unter folgendem Link oder über das Einscannen des QR-Codes herunterladen:

cloud.verlagruhr.de/lerninhalt/lxm0SBO6QYK1/

Passwort: Theo Tüftel

Wir empfehlen, die Dateien zeitnah zum Kauf des Produkts herunterzuladen, da der angegebene Link und der QR-Code ihre Gültigkeit verlieren können. Sollte dies der Fall sein, wenden Sie sich bitte an: digitaleslernen@verlagruhr.de

Wenn Sie die Lesekrimis zusammen mit den Kindern an der **digitalen Tafel** besprechen und lösen wollen:
Benötigt wird eine beliebige Tafelsoftware, mit der Sie die im Download-Ordner befindlichen Bild-Dateien (JPG oder PNG) frei verschieben können. Sollten Sie noch keine Tafelsoftware haben, finden Sie weitere Informationen unter https://tafino.verlagruhr.de

Weitere Materialien

Ausweise

____________________ **hat**

die Detektivausbildung bestanden!

Datum: __________ Unterschrift: ________________

Illustrationen: Monika Heidtkamp

für Detektive

Name: ____________________

Klasse: _________________

____________________ **hat**

die Detektivausbildung bestanden!

Datum: __________ Unterschrift: ________________

Illustrationen: Monika Heidtkamp

für Detektivinnen

Name: ____________________

Klasse: _________________

Kopiervorlagen für die Wandgestaltung

Wir werden
Meisterdetektivinnen
und Meisterdetektive
mit **Theo Tüftel**

Strukturkarten für die Tafel

Theo Tüftel	**verdächtig**
Tatort	**unschuldig**
Opfer	**Beweis**
Täter oder Täterin	**gestohlen**

Taschenlexikon

Taschenlexikon für Nachwuchs-detektive

Illustration: Monika Heidtkamp

Fachbegriffe für Detektive und Detektivinnen

Ordne diese Fachbegriffe den **passenden** Erklärungen zu.

- einen Täter oder eine Täterin überführen
- Beweis
- Hinweis
- Motiv
- Alibi
- Falschaussage
- Ermittlungen

2

3

= Beweis, dass jemand zur Tatzeit ganz sicher nicht am Tatort war

4

= Der Detektiv oder die Detektivin beweist, dass jemand eine Tat begangen hat.

5

= der Grund, warum eine Person eine Tat begeht

6

= etwas, das eindeutig verrät, dass es sich um den Täter oder die Täterin handelt

= etwas, das darauf hindeutet, dass es sich um den Täter oder die Täterin handeln könnte

7

= Eine Person verrät sich durch eine Lüge oder durch etwas, das nur der Täter oder die Täterin wissen kann.

8

= die Arbeit, die ein Detektiv oder eine Detektivin leistet, um einen Fall zu lösen (zum Beispiel: Befragungen durchführen, Beweise sammeln, Spuren sichern usw.)

Knifflige Lese-Fälle

Den Zwergen auf der Spur

Dauer:
eine Unterrichtsstunde

Lösung des Falls:
Täter*in: Herr Bäumel
Beweise im Text: Herr Bäumel trägt einen Verband am Finger. Die Verletzung am Finger ist ein Hinweis auf ihn als Täter. Den entscheidenden Beweis stellt seine Falschaussage dar (Z. 41–43): Er weiß von dem zerbrochenen Zwerg mit der Gießkanne, obwohl Theo Tüftel diesen noch nicht erwähnt hat.

Zusätzliche Materialien/Impulse:
Für den Einstieg: ggf. Gartenzwerg

Ideen für den Unterrichtsverlauf

(Für die mit ❂ gekennzeichneten Begriffe finden Sie im Vorwort Hinweise und Erläuterungen.)
Einstieg ❂ mit großer Detektivversammlung ❂ und Anschreiben der Überschrift. Sie zeigen einen Gartenzwerg. Alternativ kann die Bildkarte eines Zwergs ausgeschnitten und umgedreht gezeigt werden. Die Kinder vermuten anhand des Umrisses, worum es sich handelt.
Von nun an werden **je eine Textseite** mit einer Lesetechnik ❂ erlesen und die **dazugehörigen Aufgaben** bearbeitet. Das Erlesene wird dann **nachbesprochen** und im **Tafelbild dargestellt**.

Ideen und besondere Hinweise zu den einzelnen Textteilen:

Hinweis vorab: Die hier vorgeschlagenen Ideen sind für die analoge Tafel im Klassenraum gedacht. Nutzen Sie hierfür entweder die Wort- und Bildkarten aus diesem Buch oder ausgedruckt aus dem Download. Alternativ können Sie die Ideen, entsprechend abgewandelt, auch mit den Wort- und Bildkarten aus dem Download (JPG-und PNG-Dateien) auf Ihrer digitalen Tafel umsetzen (siehe dazu Hinweis auf S. 8).

Seite 1:
Besonders motivierend ist es, wenn Sie die erste Textseite vorlesen. Die Schüler*innen äußern sich zum Gehörten und beantworten die Fragen. Die Strukturkarte „gestohlen" wird an die Tafel gehängt, „zerbrochen" wird angeschrieben und die Bildkarten der beiden Zwerge werden angebracht.

Seite 2:
Gemeinsam wird die Aufgabe auf Seite 2 verbessert: Schwächere Kinder überprüfen anhand ihres Texthefts die Lösungen der stärkeren Kinder.
Differenzierung: Schnelle Leser*innen können mit der Arbeit an dem Rätsel (S. 21) beginnen.

Seite 3:
Differenzierung: Sie lösen die Aufgabe mit den schwächsten Schüler*innen gemeinsam und verwenden dazu die Bild- und Wortkarten. Die Personen und die Begriffe „Opfer" und „verdächtig" werden an der Tafel angebracht. Die Kinder ordnen die Personen zu und begründen ihre Entscheidungen.

Seite 4:
Die Kinder bearbeiten die letzte Seite in ihren Tüftelgruppen ❂.
Differenzierung: Es bietet sich an, die Situation im Rollenspiel nachzustellen, um auch den Schwächsten begreiflich zu machen, wodurch sich der Täter bei seiner Aussage verrät. Das akustische Signal vom Stundenbeginn kann als Impuls für die zweite große Detektivversammlung ❂ dienen. Die Lösung des Falls wird gemeinsam besprochen und mithilfe der Sprechblasen im Tafelbild dargestellt. Sie lesen das Ende der Geschichte (S. 20) vor.
Differenzierung: Stärkere Schüler*innen erklären den Unterschied zwischen dem Hinweis (Verband am Finger) und dem Beweis (Falschaussage).
Im Anschluss an die Lösung des Falls können die Fachbegriffe im Taschenlexikon ❂ eingetragen werden.
Der Stempel im Detektivausweis ❂ und die Wandgestaltung ❂ runden die Stunde ab.

Tafelbild

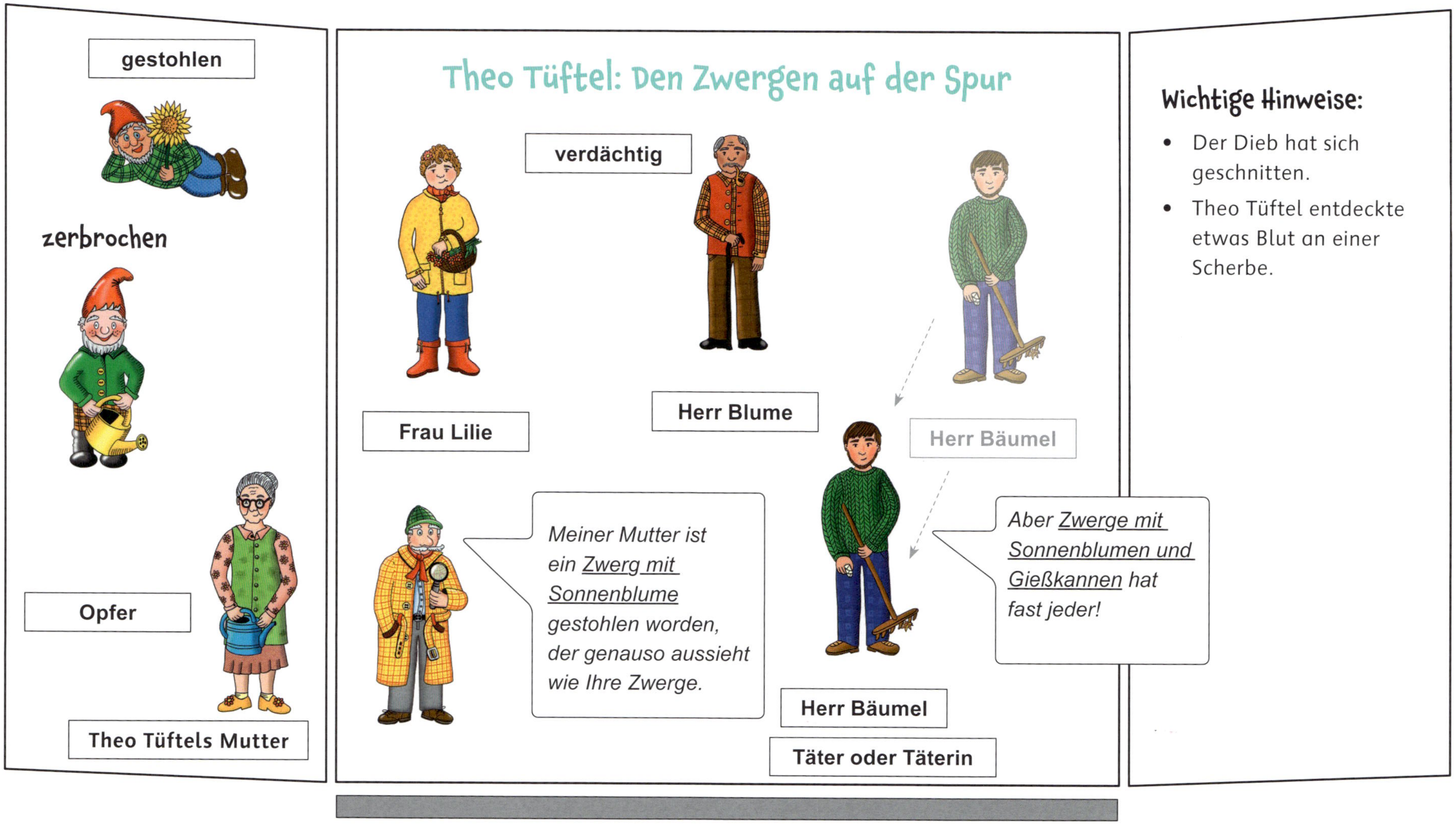

gestohlen

zerbrochen

Opfer

Theo Tüftels Mutter

Theo Tüftel: Den Zwergen auf der Spur

verdächtig

Frau Lilie

Herr Blume

Herr Bäumel

Meiner Mutter ist ein Zwerg mit Sonnenblume gestohlen worden, der genauso aussieht wie Ihre Zwerge.

Aber Zwerge mit Sonnenblumen und Gießkannen hat fast jeder!

Herr Bäumel

Täter oder Täterin

Wichtige Hinweise:

- Der Dieb hat sich geschnitten.
- Theo Tüftel entdeckte etwas Blut an einer Scherbe.

Hinweis: *Die blass gedruckten Grafiken zeigen die erste Position der Bild- und Wortkarten im Tafelbild, die bunt gedruckten stellen die Position am Ende der Unterrichtseinheit dar.*

Meisterdetektiv Theo Tüftel:

Den Zwergen auf der Spur

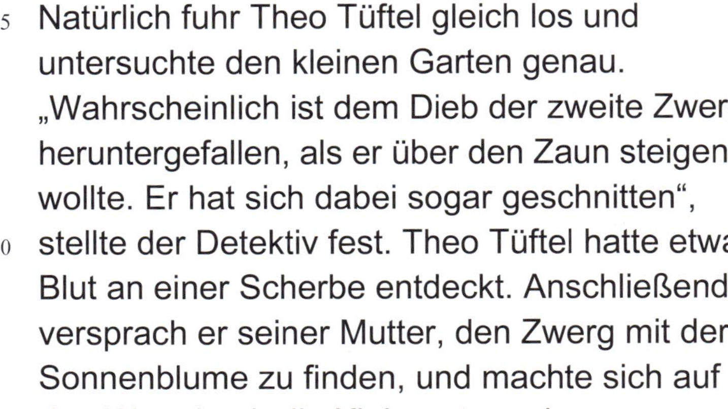

Theo Tüftels Mutter besaß ein kleines Gärtchen in einer Kleingartenanlage. Hier fuhr sie an sonnigen Tagen hin, pflegte ihre Blumen und baute ein wenig Gemüse an. Besonders stolz war sie jedoch auf eine Sammlung bunter Gartenzwerge, die in den Beeten saßen und vorbeigehende Besucher freundlich anlächelten. Umso aufgeregter war sie, als sie eines Nachmittags ihren Sohn Theo anrief und ihm von dem Diebstahl berichtete: „Theo!“, schluchzte sie ins Telefon, „einer meiner Gartenzwerge ist gestohlen worden! Der hübsche mit der Sonnenblume! Ein anderer liegt in tausend Scherben am Boden! Das war der Zwerg mit der Gießkanne!“

Welcher Gartenzwerg wurde zerbrochen? Kreise ihn gelb ein. Das steht in Zeile ________.

Welcher Gartenzwerg wurde gestohlen? Kreise ihn rot ein. Das steht in Zeile ________.

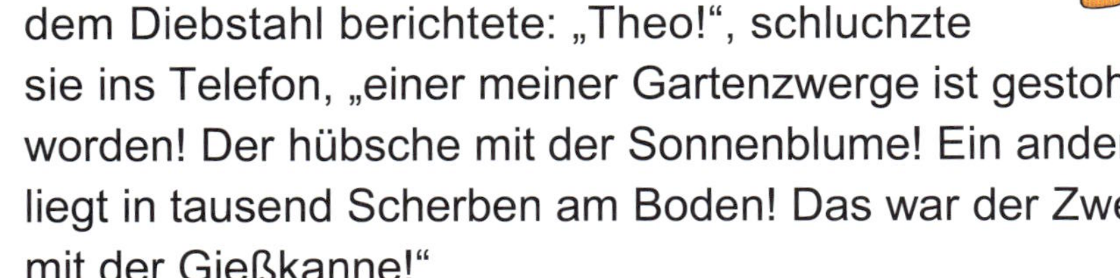

Natürlich fuhr Theo Tüftel gleich los und untersuchte den kleinen Garten genau. „Wahrscheinlich ist dem Dieb der zweite Zwerg heruntergefallen, als er über den Zaun steigen wollte. Er hat sich dabei sogar geschnitten“, stellte der Detektiv fest. Theo Tüftel hatte etwas Blut an einer Scherbe entdeckt. Anschließend versprach er seiner Mutter, den Zwerg mit der Sonnenblume zu finden, und machte sich auf den Weg durch die Kleingartenanlage.

Hier stimmt etwas nicht. Streiche falsche Wörter durch und schreibe die richtigen auf die Zeilen.

An einer Scherbe klebte etwas Erde.

____

Der Dieb hat zwei Zwerge herunterfallen lassen, als er über den Zaun steigen wollte.

____

Der Dieb hat sich wahrscheinlich an einem Messer geschnitten.

____

Für besonders schnelle Nachwuchsdetektive: Hole dir ein Rätsel zur Geschichte.

Überall in der Gartenanlage standen Zwerge, Tiere aus Plastik und andere Figuren. Aber nur in drei Gärten fand Theo Tüftel Gartenzwerge mit Sonnenblumen, die genauso aussahen wie der gestohlene Zwerg. Einer davon gehörte Herrn Bäumel, einem jungen Mann. Der zweite gehörte Frau Lilie, und den dritten fand Theo Tüftel im Garten von Herrn Blume, einem Rentner. Der Detektiv bat alle drei Personen, mit ihm zu seiner Mutter zu kommen, um den Fall zu klären.

Wer sind die Personen? Schreibe die Namen dazu. Nenne die Zeile, in der du den Namen findest.

______________ Zeile: __________

______________ Zeile: __________

______________ Zeile: __________

„Meiner Mutter ist ein Zwerg mit Sonnenblume gestohlen worden, der genauso aussieht wie Ihre Zwerge“, erklärte Theo Tüftel den anderen Gartenbesitzern. Herr Blume rief sofort: „Also, ich habe meinen Zwerg erst vor Kurzem gekauft. Da ist sogar noch der Preiszettel dran!“ Auch Frau Lilie verteidigte sich: „Meinen Zwerg mit Sonnenblume habe ich schon seit vielen Jahren!“ Und Herr Bäumel sagte ruhig: „Natürlich ist Ihre Mutter traurig, weil sie nun zwei Zwerge weniger hat. Aber Zwerge mit Sonnenblumen und Gießkannen hat fast jeder!“ Aber Theo Tüftel sagte: „Den Dieb werden wir trotzdem finden. Er hat sich nämlich schon durch zwei Dinge verraten!“

Wer sagt was? Verbinde.

Wodurch hat sich der Täter oder die Täterin verraten?

Täter/Täterin ist ____________________, *weil* ____

____

Meisterdetektiv Theo Tüftel:

Den Zwergen auf der Spur

Theo Tüftels Mutter besaß ein kleines Gärtchen in einer Kleingartenanlage. Hier fuhr sie an sonnigen Tagen hin, pflegte ihre Blumen und baute ein wenig Gemüse an. Besonders stolz war sie jedoch auf eine Sammlung bunter Gartenzwerge, die in den Beeten saßen und vorbeigehende Besucher freundlich anlächelten. Umso aufgeregter war sie, als sie eines Nachmittags ihren Sohn Theo anrief und ihm von dem Diebstahl berichtete: „Theo!“, schluchzte sie ins Telefon, „einer meiner Gartenzwerge ist gestohlen worden! Der hübsche mit der Sonnenblume! Ein anderer liegt in tausend Scherben am Boden! Das war der Zwerg mit der Gießkanne!“

Welcher Gartenzwerg wurde zerbrochen? Kreise ihn gelb ein.

Welcher Gartenzwerg wurde gestohlen? Kreise ihn rot ein.

Natürlich fuhr Theo Tüftel gleich los und untersuchte den kleinen Garten genau. „Wahrscheinlich ist dem Dieb der zweite Zwerg heruntergefallen, als er über den Zaun steigen wollte. Er hat sich dabei sogar geschnitten“, stellte der Detektiv fest. Theo Tüftel hatte etwas Blut an einer Scherbe entdeckt. Anschließend versprach er seiner Mutter, den Zwerg mit der Sonnenblume zu finden, und machte sich auf den Weg durch die Kleingartenanlage.

Male alle richtigen Aussagen farbig an.

Der Dieb ist über einen Blumentopf gefallen.	*Der Dieb hat sich an einer Scherbe geschnitten.*
An einer Scherbe klebte etwas Blut.	*Der Dieb hat einen Zwerg fallen lassen, als er über den Zaun steigen wollte.*

Für besonders schnelle Nachwuchsdetektive: Hole dir ein Rätsel zur Geschichte.

Überall in der Gartenanlage standen Zwerge, Tiere aus Plastik und andere Figuren. Aber nur in drei Gärten fand Theo Tüftel Gartenzwerge mit Sonnenblumen, die genauso aussahen wie der gestohlene Zwerg. Einer davon gehörte Herrn Bäumel, einem jungen Mann. Der zweite gehörte Frau Lilie, und den dritten fand Theo Tüftel im Garten von Herrn Blume, einem Rentner. Der Detektiv bat alle drei Personen, mit ihm zu seiner Mutter zu kommen, um den Fall zu klären.

Wie heißen die Personen?
Verbinde die Namen und die Bilder.

Herr Blume Herr Bäumel Frau Lilie

„Meiner Mutter ist ein Zwerg mit Sonnenblume gestohlen worden, der genauso aussieht wie Ihre Zwerge", erklärte Theo Tüftel den anderen Gartenbesitzern. Herr Blume rief sofort: „Also, ich habe meinen Zwerg erst vor Kurzem gekauft. Da ist sogar noch der Preiszettel dran!" Auch Frau Lilie verteidigte sich: „Meinen Zwerg mit Sonnenblume habe ich schon seit vielen Jahren!" Und Herr Bäumel sagte ruhig: „Natürlich ist Ihre Mutter traurig, weil sie nun zwei Zwerge weniger hat. Aber Zwerge mit Sonnenblumen und Gießkannen hat fast jeder!" Aber Theo Tüftel sagte: „Den Dieb werden wir trotzdem finden. Er hat sich nämlich schon durch zwei Dinge verraten!"

Wer sagt etwas, das er nicht wissen dürfte?
Unterstreiche. Lies im Text genau nach, was Theo Tüftel sagt.

Wodurch hat sich der Täter oder die Täterin verraten?
Du darfst den Tüftel-Tipp ansehen, wenn du nicht weiterweißt!

Täter/Täterin ist ______________________.

Vorlesetext zur Auflösung/Tüftel-Tipp

„Wer hat sich verraten?“, fragte Frau Lilie verwirrt. „Na, Herr Bäumel“, erklärte Theo Tüftel ruhig. „Er hat als Einziger einen verletzten Finger! Und der Dieb hat sich eindeutig an einer Scherbe geschnitten.“ „Aber das ist doch kein Beweis!“, rief Herr Bäumel empört. „Es kann dafür auch eine ganz andere Erklärung geben!“ „Richtig“, stellte Theo Tüftel fest. „Aber es gibt keine Erklärung dafür, dass Sie von dem zerbrochenen Zwerg mit der Gießkanne wussten, obwohl ich Ihnen nur vom Zwerg mit der Sonnenblume erzählt habe! Sie müssen den Gießkannenzwerg schon selbst fallen gelassen haben!“

Da blickte Herr Bäumel betreten zu Boden und murmelte leise: „Sie haben ja Recht und es tut mir auch leid. Ich wollte die Zwerge doch nur ausleihen, damit mein Garten schöner aussieht, wenn meine Eltern zu Besuch kommen. Ich hätte sie sicher zurückgebracht, aber dann ist mir der Zwerg mit der Gießkanne zerbrochen. Ich bezahle Ihnen den Schaden natürlich.“ Aber da mischte sich Theo Tüftels Mutter ein und rief zornig: „Nichts da! Der Zwerg war unbezahlbar! Aber ich habe eine bessere Idee, wie Sie Ihre Schuld abarbeiten können.“

Und so kam es, dass Herr Bäumel ein Jahr lang im Garten von Theo Tüftels Mutter Unkraut jäten und Büsche beschneiden musste. Darüber freute sich der Meisterdetektiv besonders, denn sonst hätte er seiner Mutter helfen müssen. Und Unkrautjäten fand Theo Tüftel furchtbar langweilig!

Mein Tüftel-Tipp für dich:

Lies noch einmal den Text auf Seite 2.

Illustrationen: Monika Heidtkamp

Rätsel für superschnelle Nachwuchsdetektive

Name: ....

1. An solchen Tagen hielt sich Theo Tüftels Mutter in ihrem Garten auf.
2. Davon berichtete Theo Tüftels Mutter am Telefon.
3. Wen lächelten die Gartenzwerge an?
4. Das war an einer der Scherben.
5. Der Zwerg mit der … wurde gestohlen.
6. Herr Blume ist schon sehr alt, darum ist er …
7. Worüber kletterte der Dieb?
8. Durch wie viele Dinge hat sich der Dieb verraten?
9. Das hing noch an einem Gartenzwerg.
10. Alle, die einen Garten haben, sind Garten…
11. Wie sprach Herr Bäumel zum Schluss?

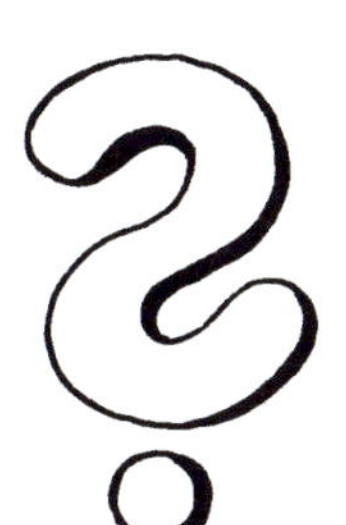

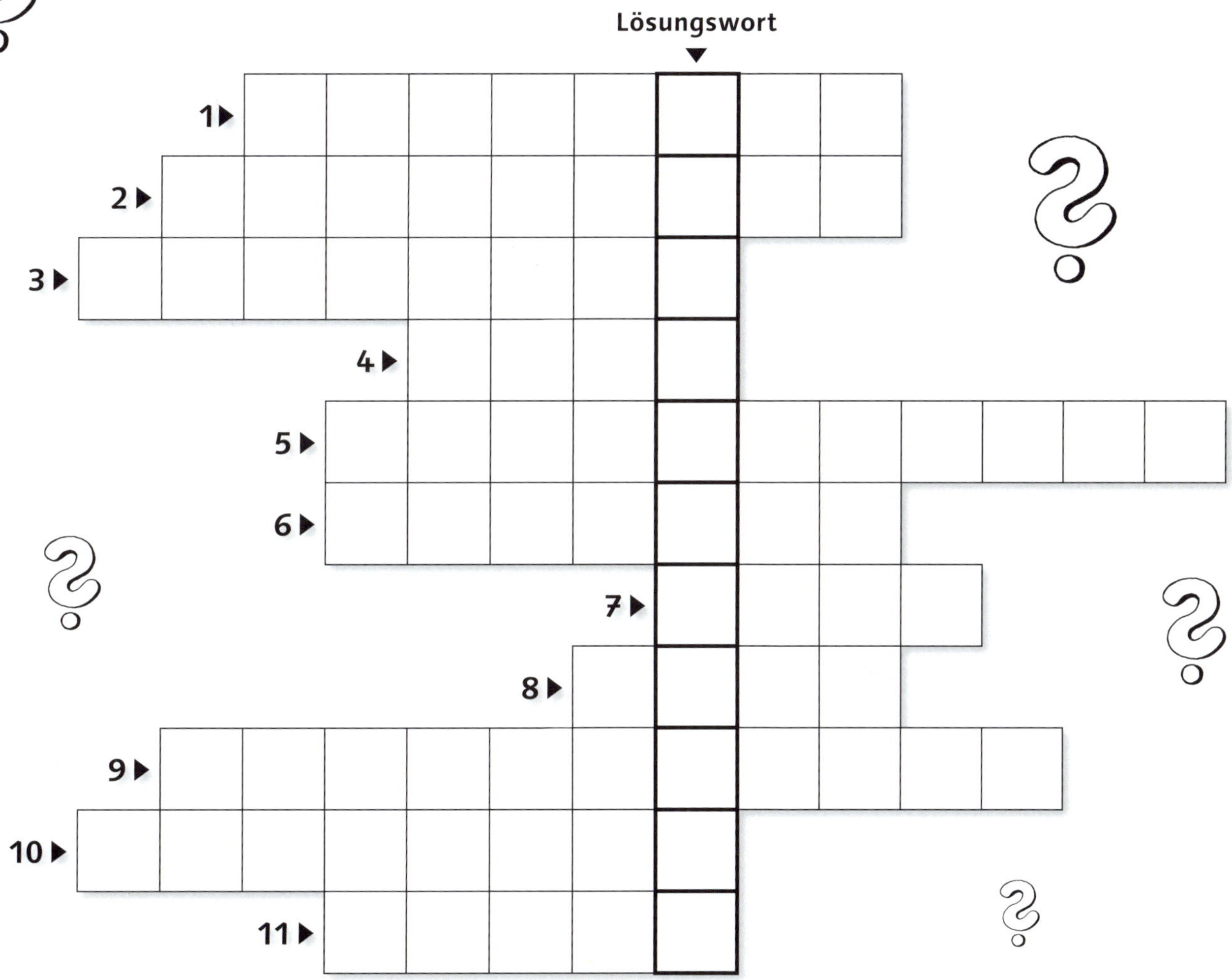

Lösungswort ▼

1 ▶
2 ▶
3 ▶
4 ▶
5 ▶
6 ▶
7 ▶
8 ▶
9 ▶
10 ▶
11 ▶

Lösungswort: ....

Bild- und Textvorlagen (1/2)

Bild- und Textvorlagen (2/2)

Theo Tüftels Mutter

Herr Blume

Frau Lilie

Herr Bäumel

Aber Zwerge mit Sonnenblumen und Gießkannen hat fast jeder!

Meiner Mutter ist ein Zwerg mit Sonnenblume gestohlen worden, der genauso aussieht wie Ihre Zwerge.

Langfinger an Bord

Dauer:
eine Unterrichtsstunde

Lösung des Falls:
Täter*in/Tathergang: Frau Elster – sie hat das Besteck in ihrem Gips transportiert.
Beweise im Text: Tim kommt als Täter nicht infrage, da er bei einem Essen krank war. Klara und Frau Schön saßen mit Theo Tüftel am Tisch, das Besteck wurde jedoch an dem anderen Tisch gestohlen. Frau Elster aß als Einzige Suppe und hatte daher Gelegenheit, den Löffel zu stehlen.

Zusätzliche Materialien / Impulse:
Für den Einstieg: Audiodatei mit Meeresrauschen oder Bild eines Schiffs (Kopiervorlage)
Für die Tafel: evtl. vergrößerte Bilder der Köpfe und des Gipsfußes (s. S. 32)

Ideen für den Unterrichtsverlauf

(Für die mit ❂ gekennzeichneten Begriffe finden Sie im Vorwort Hinweise und Erläuterungen.)
Einstieg ❂ mit großer Detektivversammlung ❂ und Anschreiben der Überschrift. Die Kinder äußern sich und stellen Vermutungen an.
Von nun an werden **je eine Textseite** mit einer Lesetechnik ❂ erlesen und die **dazugehörigen Aufgaben** bearbeitet. Das Erlesene wird dann **nachbesprochen** und im **Tafelbild dargestellt**.

Ideen und besondere Hinweise zu den einzelnen Textteilen:

Hinweis vorab: Die hier vorgeschlagenen Ideen sind für die analoge Tafel im Klassenraum gedacht. Nutzen Sie hierfür entweder die Wort- und Bildkarten aus diesem Buch oder ausgedruckt aus dem Download. Alternativ können Sie die Ideen, entsprechend abgewandelt, auch mit den Wort- und Bildkarten aus dem Download (JPG-und PNG-Dateien) auf Ihrer digitalen Tafel umsetzen (siehe dazu Hinweis auf S. 8).

Seite 1:
Bevor die erste Textseite vorgelesen wird, erhalten die Schüler*innen den Auftrag, sich die Namen aller Passagiere zu merken. Die Personen werden an der Tafel gesammelt. Die Kinder bearbeiten die erste Aufgabe auf ihrem Platz.
Differenzierung: Sie erarbeiten mit sehr schwachen Leser*innen die Tischordnung mithilfe der Wort- und Bildkarten. Die Kinder heften diese bei der gemeinsamen Besprechung an die Tafel.

Seiten 2 und 3:
Die Strukturkarten werden an der Tafel angebracht. Die Personen werden der Reihe nach „aussortiert" und zur Strukturkarte „unschuldig" geheftet.
Differenzierung: Starke Schüler*innen erklären am Beispiel von Tim den Begriff Alibi. Dieser wird im Taschenlexikon ❂ ergänzt.

Seite 4:
Die Kinder bearbeiten die letzte Seite in ihren Tüftelgruppen ❂. Das akustische Signal vom Stundenbeginn kann als Impuls für die zweite große Detektivversammlung ❂ dienen. Die Lösung des Falls wird gemeinsam besprochen und im Tafelbild dargestellt. Dabei kann auch geklärt werden, warum der Name „Elster" für eine Diebin besonders passend ist und wie die Täterin vorgegangen ist (Bild des Gipsfußes). Sie lesen das Ende der Geschichte vor.
Differenzierung: Starke Schüler*innen erhalten die Aufgabe, Theo Tüftels Ermittlungen noch einmal zu wiederholen. Sie rekapitulieren die gesamte Lösung des Falls, indem sie das Ausschlussverfahren mit echten Personen und Tischen erklären. Dabei können die Wortkarten von der Tafel als Namensschilder verwendet werden. Der Begriff „Ermittlungen" kann an dieser Stelle besprochen und in das Taschenlexikon ❂ eingetragen werden.
Der Stempel im Detektivausweis ❂ und die Wandgestaltung ❂ runden die Stunde ab.

Tafelbild

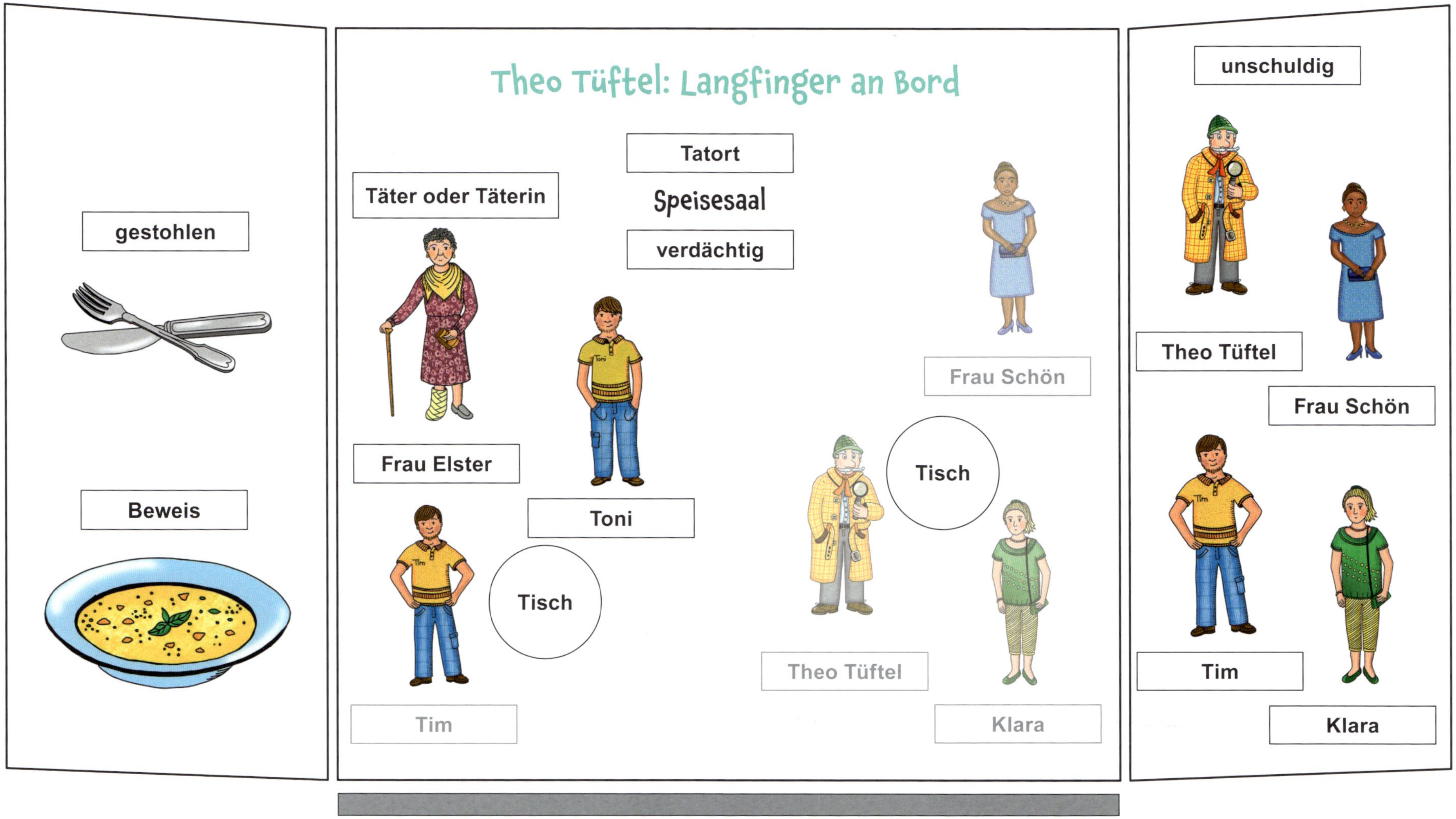

gestohlen

Beweis

Theo Tüftel: Langfinger an Bord

Täter oder Täterin

Tatort

Speisesaal

verdächtig

Frau Elster

Toni

Tim

Tisch

Frau Schön

Tisch

Theo Tüftel

Klara

unschuldig

Theo Tüftel

Frau Schön

Tim

Klara

Hinweis: *Die blass gedruckten Grafiken zeigen die erste Position der Bild- und Wortkarten im Tafelbild, die bunt gedruckten stellen die Position am Ende der Unterrichtseinheit dar.*

Meisterdetektiv Theo Tüftel:

Langfinger an Bord

Theo Tüftel konnte es kaum glauben: Er hatte eine Woche Luxusreise auf einer Segeljacht gewonnen! Und so saß er einige Wochen später im Speisesaal eines wunderschönen Segelschiffs und genoss sein erstes Abendessen auf hoher See. Außer ihm waren fünf weitere Gäste an Bord: Da waren die Zwillinge Toni und Tim, die die Reise ebenfalls gewonnen hatten. Sie saßen mit Frau Elster am Tisch, die mit einem Gipsfuß in den Speisesaal humpelte. Den rechten der beiden Tische teilte sich Theo Tüftel mit Frau Schön, einer eleganten Dame, und ihrer Freundin Klara. Jeden Abend gab es ein mehrgängiges Menü.

Schneide die Gäste aus, und klebe sie zu den richtigen Tischen.

Tisch

Frau Schön	Klara	Tim	Toni	Frau Elster	Theo Tüftel

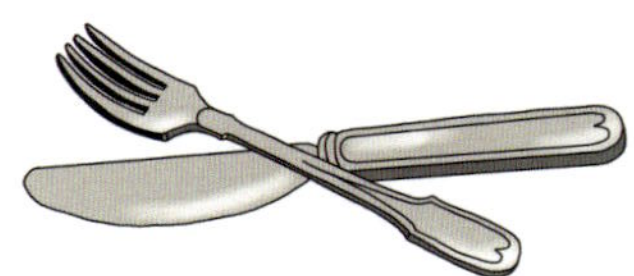

Am dritten Tag der Seereise kam der Kapitän zu Theo Tüftel und hatte eine Bitte an ihn: „Jeden Abend verschwinden beim Essen Löffel, Gabeln und Messer! Es handelt sich um ein altes, sehr wertvolles Silberbesteck! Wir vermuten, dass irgendein Gast es heimlich stiehlt, können aber nicht einfach die Zimmer durchsuchen! Das ist nicht erlaubt." Theo Tüftel versprach natürlich, sich um den Fall zu kümmern. Am Abend saßen nicht alle Gäste im Speisesaal: Tim war seekrank und war in seiner Kabine geblieben. Theo Tüftel sah sich beim Essen genau um, konnte aber nichts beobachten.
Trotzdem klagte der Kapitän später in der Küche: „Es fehlt schon wieder ein Messer!" „Hm, ein raffinierter Langfinger!", stellte Theo Tüftel fest, „aber wenigstens wissen wir, dass es eine Person an Bord nicht gewesen sein kann!"

Wer hat ein Alibi und kann nicht der Täter/die Täterin sein? Suche den Beweis im Text und schreibe auf.

___________ *kann es nicht sein, weil* ______________

____.

Schon fertig? Hole dir ein Rätsel.

Am nächsten Abend erschienen wieder alle Gäste im Speisesaal. Bevor das Essen serviert wurde, hatte Theo Tüftel einen Tipp für den Kapitän: „Sammeln Sie das Besteck von beiden Tischen getrennt ein! Dann können wir feststellen, an welchem Tisch der Täter oder die Täterin sitzt!“ Der Kapitän war dankbar für die Idee, und so zählten die beiden nach dem Essen in der Küche die Gabeln und Messer. „An meinem Tisch sind alle Gabeln, Löffel und Messer zurückgegeben worden!“, stellte der Detektiv fest. Der Kapitän seufzte aber: „Am anderen Tisch fehlt schon wieder eine Gabel!“ Theo Tüftel dachte kurz nach und meinte dann: „Nun wissen wir wenigstens, dass nur noch zwei Personen verdächtig sind.“

Welche Personen sind nicht mehr verdächtig? Streiche sie durch. Schreibe die Begründung auf.

____

____

Am letzten Abend der Reise beobachtete Theo Tüftel die drei Gäste am Nebentisch ganz genau. Die Zwillinge trafen zuerst ein und aßen als Vorspeise jeweils einen Salat. Bei der Hauptspeise entschied sich Toni für Schnitzel, Tim aß nur Kartoffeln, da er sich immer noch krank fühlte. Frau Elster kam etwas später, aß zuerst Suppe und danach Nudelauflauf. Gleich nach dem Essen ging Tim zurück in seine Kabine, um sich wieder ins Bett zu legen. Toni und Frau Elster blieben noch etwas sitzen und tranken einen Wein, bevor auch sie zurück in ihre Kabinen gingen.
„Es fehlt wieder ein Löffel!“, klagte der Kapitän nach dem Essen. „Keine Sorge!“, beruhigte ihn der Detektiv und schaute auf den Notizzettel, den er beim Essen geschrieben hatte. „Ich habe den Diebstahl zwar nicht gesehen, aber ich weiß trotzdem, wer das Besteck geklaut hat!“

Was wurde am letzten Abend gestohlen? Zeichne.

Wer aß was? Schreibe den Notizzettel fertig.

	Tim	Toni	Frau Elster
Vorspeise			
Hauptspeise			

Der Dieb oder die Diebin ist ____________________, weil

____

Du darfst den Tüftel-Tipp ansehen, wenn du nicht weiterweißt!

Für Schnelle: Wie ist der Langfinger vorgegangen?

Meisterdetektiv Theo Tüftel: Langfinger an Bord

Theo Tüftel konnte es kaum glauben: Er hatte eine Woche Luxusreise auf einer Segeljacht gewonnen! Und so saß er einige Wochen später im Speisesaal eines wunderschönen Segelschiffs und genoss sein erstes Abendessen auf hoher See. Außer ihm waren fünf weitere Gäste an Bord: Da waren die Zwillinge Toni und Tim, die die Reise ebenfalls gewonnen hatten. Sie saßen mit Frau Elster am Tisch, die mit einem Gipsfuß in den Speisesaal humpelte. Den rechten der beiden Tische teilte sich Theo Tüftel mit Frau Schön, einer eleganten Dame, und ihrer Freundin Klara. Jeden Abend gab es ein mehrgängiges Menü.

Schneide die Gäste aus, und klebe sie zu den richtigen Tischen.

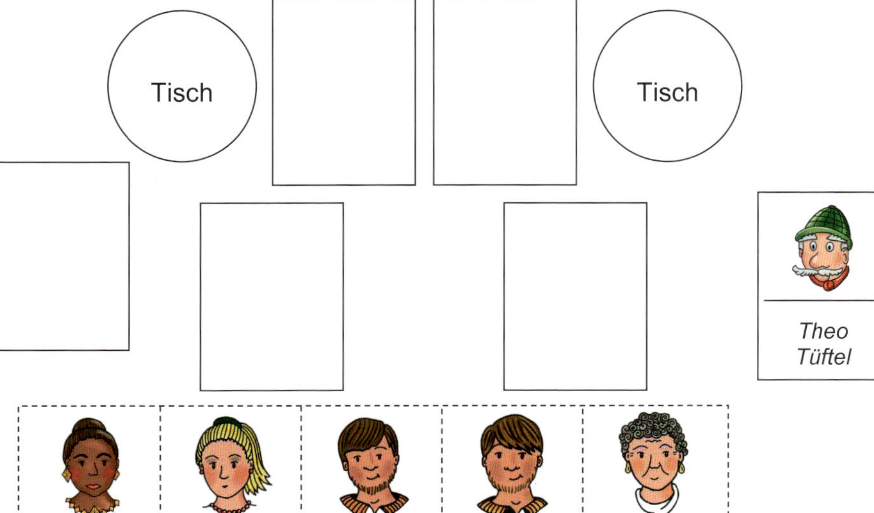

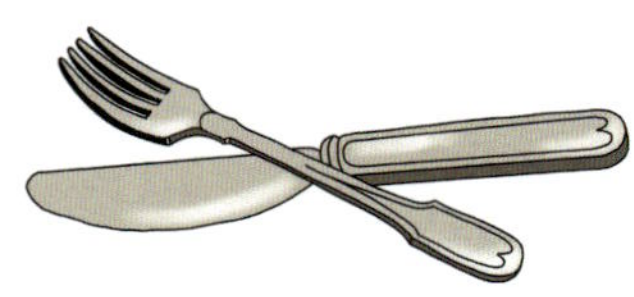

Am dritten Tag der Seereise kam der Kapitän zu Theo Tüftel und hatte eine Bitte an ihn: „Jeden Abend verschwinden beim Essen Löffel, Gabeln und Messer! Es handelt sich um ein altes, sehr wertvolles Silberbesteck! Wir vermuten, dass irgendein Gast es heimlich stiehlt, können aber nicht einfach die Zimmer durchsuchen! Das ist nicht erlaubt.“ Theo Tüftel versprach natürlich, sich um den Fall zu kümmern. Am Abend saßen nicht alle Gäste im Speisesaal: Tim war seekrank und war in seiner Kabine geblieben. Theo Tüftel sah sich beim Essen genau um, konnte aber nichts beobachten.
Trotzdem klagte der Kapitän später in der Küche: „Es fehlt schon wieder ein Messer!“ „Hm, ein raffinierter Langfinger!“, stellte Theo Tüftel fest, „aber wenigstens wissen wir, dass es eine Person an Bord nicht gewesen sein kann!“

Wer hat ein Alibi und kann nicht der Langfinger sein? Kreuze an.

- ❒ Toni, weil er seekrank war
- ❒ Klara, weil sie mit Theo Tüftel am Tisch saß
- ❒ Tim, weil er beim Essen nicht da war

Suche die Person auf Seite 1 und streiche das Bild durch.

Am nächsten Abend erschienen wieder alle Gäste im Speisesaal. Bevor das Essen serviert wurde, hatte Theo Tüftel einen Tipp für den Kapitän: „Sammeln Sie das Besteck von beiden Tischen getrennt ein! Dann können wir feststellen, an welchem Tisch der Täter oder die Täterin sitzt!“ Der Kapitän war dankbar für die Idee, und so zählten die beiden nach dem Essen in der Küche die Gabeln und Messer. „An meinem Tisch sind alle Gabeln, Löffel und Messer zurückgegeben worden!“, stellte der Detektiv fest. Der Kapitän seufzte aber: „Am anderen Tisch fehlt schon wieder eine Gabel!“ Theo Tüftel dachte kurz nach und meinte dann: „Nun wissen wir wenigstens, dass nur noch zwei Personen verdächtig sind.“

Welche drei Personen sind nicht verdächtig? Streiche sie durch.

Tipp: An meinem Tisch sitzt der Dieb nicht! Streiche auf Seite 1 die Personen an meinem Tisch durch!

Schon fertig? Hole dir ein Rätsel zur Geschichte.

Am letzten Abend der Reise beobachtete Theo Tüftel die drei Gäste am Nebentisch ganz genau. Die Zwillinge trafen zuerst ein und aßen als Vorspeise jeweils einen Salat. Bei der Hauptspeise entschied sich Toni für Schnitzel, Tim aß nur Kartoffeln, da er sich immer noch krank fühlte. Frau Elster kam etwas später, aß zuerst Suppe und danach Nudelauflauf. Gleich nach dem Essen ging Tim zurück in seine Kabine, um sich wieder ins Bett zu legen. Toni und Frau Elster blieben noch etwas sitzen und tranken einen Wein, bevor auch sie zurück in ihre Kabinen gingen. „Es fehlt wieder ein Löffel!“, klagte der Kapitän nach dem Essen. „Keine Sorge!“, beruhigte ihn der Detektiv und schaute auf den Notizzettel, den er beim Essen geschrieben hatte. „Ich habe den Diebstahl zwar nicht gesehen, aber ich weiß trotzdem, wer das Besteck geklaut hat!“

Was wurde am letzten Abend gestohlen? Zeichne.

Wer aß was? Schreibe den Notizzettel fertig.

	Toni	Frau Elster
Vorspeise	*Salat*	
Hauptspeise		*Nudelauflauf*

Der Dieb ist ________________, weil ________

____

Du darfst den Tüftel-Tipp ansehen, wenn du nicht weiterweißt!

Für Schnelle: Wie ist der Dieb vorgegangen?

Vorlesetext zur Auflösung/Tüftel-Tipp

Am nächsten Abend konnte Theo Tüftel sein Essen kaum genießen. Er behielt den Nebentisch genau im Auge und ertappte den Langfinger tatsächlich auf frischer Tat!

Nach dem Essen holte der Detektiv den Kapitän und setzte sich mit ihm zu Frau Elster. „Wir müssen Sie leider bitten, noch etwas hier zu bleiben", erklärte Theo Tüftel der alten Dame. „Wir haben den dringenden Verdacht, dass Sie jeden Abend Silberbesteck stehlen!" „So eine Frechheit!", schimpfte Frau Elster empört. „Das kann doch jeder gewesen sein!" Theo Tüftel nickte: „Es gab zuerst auch mehrere Verdächtige. Aber gestern Abend wurde ein Löffel gestohlen. Und da Sie die Einzige waren, die eine Suppe gegessen hat, kommen nur noch Sie als Diebin infrage." „Sie haben keine Beweise!", rief Frau Elster, sprang vom Stuhl auf und lief mit flinken Schritten zur Tür. Doch der Kapitän war schneller und stellte erstaunt fest: „Sie humpeln ja gar nicht mehr!" Theo Tüftel trat neben Frau Elster, sah sich den Gipsfuß genau an und sagte: „Das wundert mich nicht! Schließlich hat Frau Elster gar kein gebrochenes Bein!" Vorsichtig griff der Detektiv in den Gips, zog eine silberne Kuchengabel heraus und hielt sie Frau Elster unter die Nase. „Der Gips dient nur als Versteck, mit dem man die Beute unauffällig in die Kabine bringen kann! Gar keine schlechte Idee!"

Im nächsten Hafen wurde Frau Elster der Polizei übergeben. In ihrer Kabine wurden sowohl das silberne Besteck als auch einige andere Beutestücke gefunden, die sie im Lauf der Reise gestohlen hatte. Theo Tüftel konnte sich nicht nur über den aufgeklärten Fall freuen: Er durfte zum Dank noch eine ganze weitere Woche auf der Luxusjacht mitreisen. Und da er nun nicht mehr nach Langfingern Ausschau halten musste, genoss er die Tage an Bord noch viel mehr.

Mein Tüftel-Tipp für dich:

Illustrationen: Monika Heidtkamp

Rätsel für superschnelle Nachwuchsdetektive

Name: ....

1. So heißt Frau Schöns Freundin.
2. Eine sehr teure Reise nennt man auch ....
3. Das wird an Bord gestohlen.
4. Es ist dem Kapitän verboten, die Zimmer zu ....
5. Toni und Tim sind ....
6. Bezeichnung für ein Besteckstück mit rundem Ende
7. Hier wird auf dem Schiff gegessen.
8. Das machen der Kapitän und Theo Tüftel nach dem Abendessen mit dem Besteck.
9. Wie nennt man den ersten Gang bei einem Menü?
10. Was fertigt Theo Tüftel beim Abendessen an?

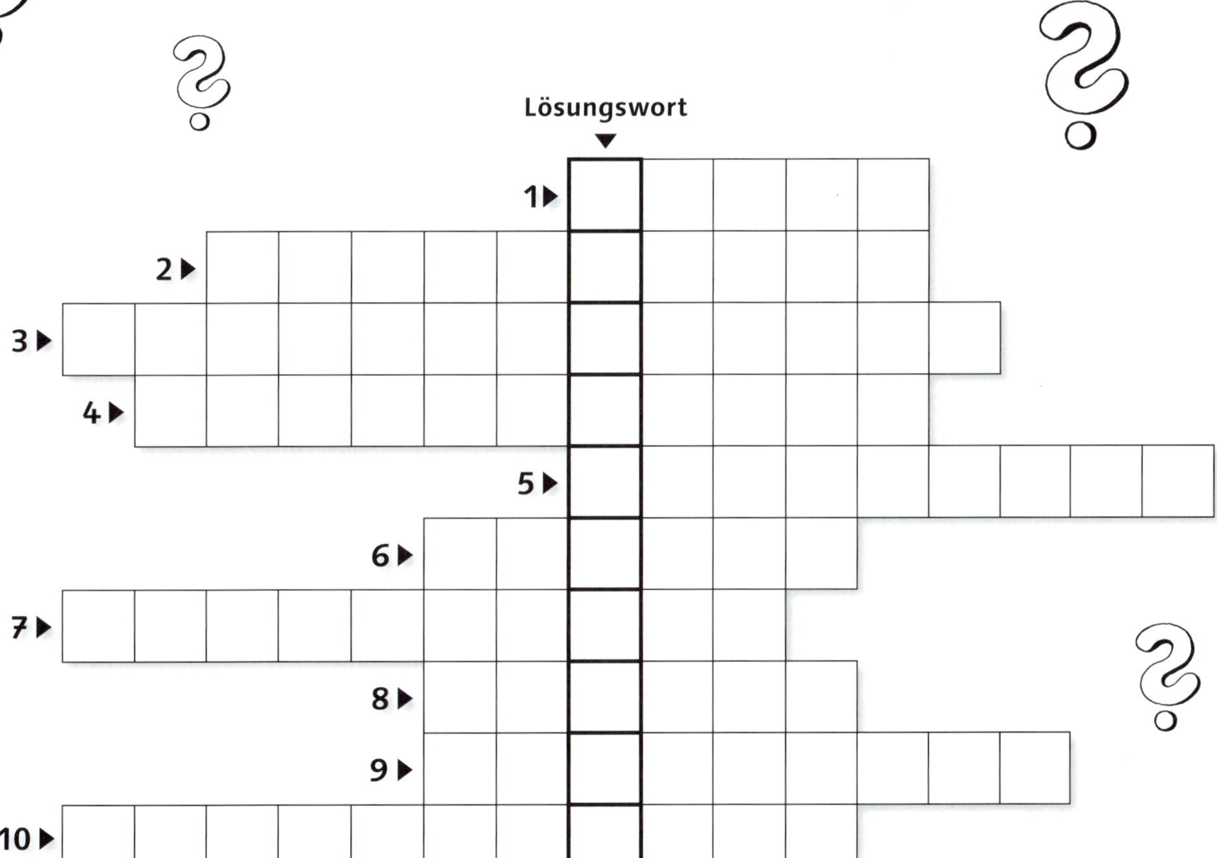

Lösungswort: ....

Bild- und Textvorlagen (1/2)

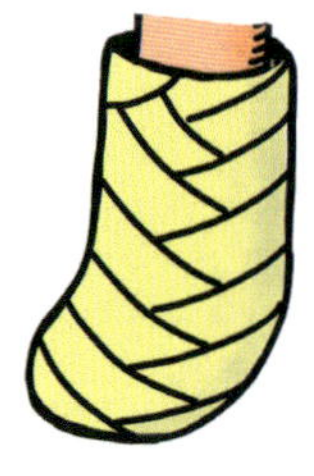

Bild- und Textvorlagen (2/2)

Langfinger an Bord

Frau Elster

Frau Schön

Klara

Tim

Toni

Theo Tüftel

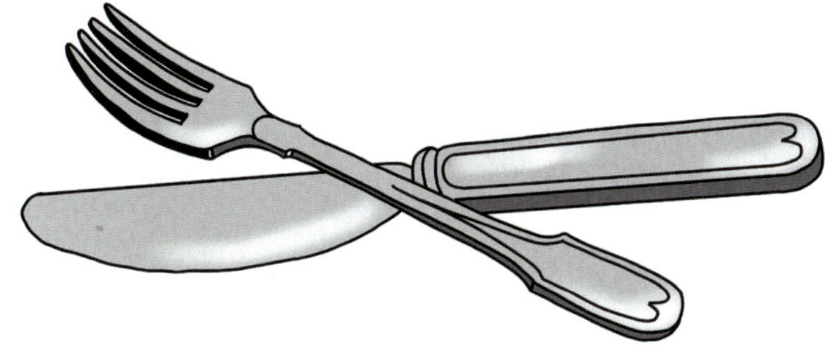

Der Schatz unterm Sofakissen

Dauer:
ein bis zwei Unterrichtsstunden

Lösung des Falls:
Täter*in: Neffe Hans
Beweise im Text: Der Neffe behauptet, die ganze Zeit in der Autowerkstatt gewesen zu sein, kommt jedoch völlig durchnässt im Haus seiner Tante an.

Zusätzliche Materialien / Impulse:
Für den Einstieg: Perlenkette in einem Säckchen
Weiterhin: 5 Kopien des Rollenspiels (s. S. 41), evtl. je eine weitere Kopie der Wortkarten „Frau Reinlich", „Neffe Hans" und „Herr Klein" für die Tafel

Ideen für den Unterrichtsverlauf

(Für die mit ❂ gekennzeichneten Begriffe finden Sie im Vorwort Hinweise und Erläuterungen.)
Einstieg ❂ mit großer Detektivversammlung ❂ und Anschreiben der Überschrift. Die Kinder ertasten blind die Perlenkette in dem Säckchen. Sie stellen Vermutungen über den Gegenstand und seine Bedeutung in der Geschichte an.
Von nun an werden **je eine Textseite** mit einer Lesetechnik ❂ erlesen und die **dazugehörigen Aufgaben** bearbeitet. Das Erlesene wird dann **nachbesprochen** und im **Tafelbild dargestellt**.

Ideen und besondere Hinweise zu den einzelnen Textteilen:

Hinweis vorab: Die hier vorgeschlagenen Ideen sind für die analoge Tafel im Klassenraum gedacht. Nutzen Sie hierfür entweder die Wort- und Bildkarten aus diesem Buch oder ausgedruckt aus dem Download. Alternativ können Sie die Ideen, entsprechend abgewandelt, auch mit den Wort- und Bildkarten aus dem Download (JPG-und PNG-Dateien) auf Ihrer digitalen Tafel umsetzen (siehe dazu Hinweis auf S. 8).

Seite 1:
Nach dem (Vor-)Lesen der ersten Seite werden alle Personen an der Tafel gesammelt.
Differenzierung: Arbeiten Sie mit schwachen Leser*innen gemeinsam. Hierbei liegen die Wort- und Bildkarten bereit und die Kinder ordnen sie richtig zu, bevor sie diese an die Tafel heften.

Seite 2:
Differenzierung: Sehr gute Leser*innen spielen der Klasse den Inhalt des ersten Textabschnitts als Rollenspiel vor (s. S. 41), da dieser für die Lösung der Aufgabe auf S. 2 notwendig ist.
Differenzierung: Stärkere Schüler*innen erklären, warum der Dieb oder die Diebin gewusst haben muss, wo der Schmuck versteckt ist. Die Schwächeren überprüfen die Begründungen mit ihrem Leseheft. Sie bringen die Strukturkarten „Opfer", „verdächtig", „unschuldig" und „gestohlen" an der Tafel an.
Die Kinder ordnen die Personen entsprechend zu.

Seite 3:
Differenzierung: Schwächere Schüler*innen ordnen die Wortkarten zum Aufenthaltsort gemeinsam mit Ihnen den Personen zu. Bei der gemeinsamen Besprechung heften sie diese an die Tafel.
Differenzierung: Sehr starke Leser*innen erhalten den Notizzettel (S. 37) als kleine Kopie und füllen ihn aus. Anschließend stellen sie ihre Lösung vor und belegen sie durch das Vorlesen der Textstellen.

Seite 4:
Die Kinder bearbeiten die letzte Seite in ihren Tüftelgruppen ❂. In der großen Detektivversammlung ❂ wird die Lösung an der Tafel dargestellt: Mithilfe der Sprechblase und des Austauschs der Bildkarte des Neffen durch die des nassen Neffen wird deutlich, dass sich dieser durch eine Falschaussage verraten hat. An dieser Stelle kann der Ausdruck „Falschaussage" geklärt und in das Taschenlexikon ❂ eingetragen werden.
Sie lesen das Ende der Geschichte vor. Der Stempel im Detektivausweis ❂ und die Wandgestaltung ❂ runden die Stunde ab.

Tafelbild

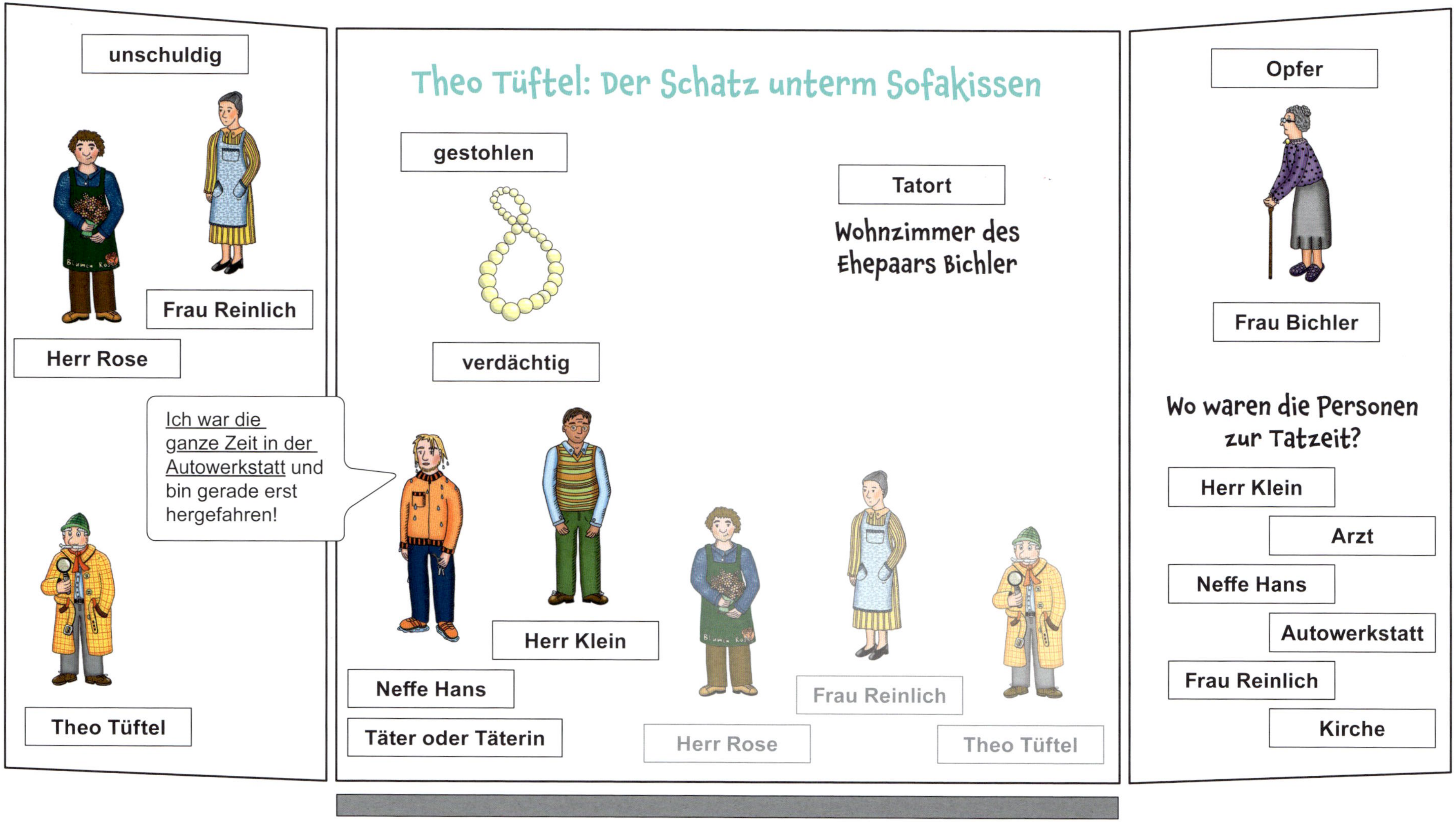

unschuldig

Herr Rose

Frau Reinlich

Ich war die ganze Zeit in der Autowerkstatt und bin gerade erst hergefahren!

Theo Tüftel

Theo Tüftel: Der Schatz unterm Sofakissen

gestohlen

verdächtig

Tatort

Wohnzimmer des Ehepaars Bichler

Neffe Hans

Herr Klein

Täter oder Täterin

Herr Rose

Frau Reinlich

Theo Tüftel

Opfer

Frau Bichler

Wo waren die Personen zur Tatzeit?

Herr Klein

Arzt

Neffe Hans

Autowerkstatt

Frau Reinlich

Kirche

Hinweis: *Die blass gedruckten Grafiken zeigen die erste Position der Bild- und Wortkarten im Tafelbild, die bunt gedruckten stellen die Position am Ende der Unterrichtseinheit dar.*

Meisterdetektiv Theo Tüftel:

Der Schatz unterm Sofakissen

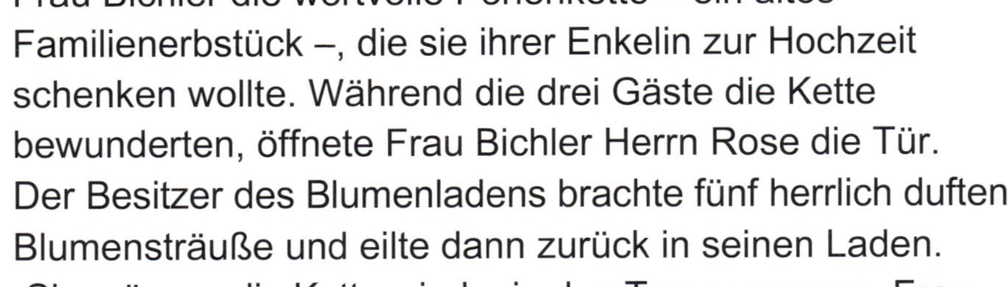

Als die Enkelin von Bürgermeister Bichler heiratete, war die Aufregung bei den Großeltern groß. Während Herr Bichler die Braut zur Kirche begleitete, versammelten sich bei Frau Bichler mehrere Gäste, um der glücklichen Großmutter bei den letzten Vorbereitungen zu helfen: ihr Neffe Hans, der Nachbar Herr Klein und die Haushaltshilfe Frau Reinlich. Stolz zeigte ihnen Frau Bichler die wertvolle Perlenkette – ein altes Familienerbstück –, die sie ihrer Enkelin zur Hochzeit schenken wollte. Während die drei Gäste die Kette bewunderten, öffnete Frau Bichler Herrn Rose die Tür. Der Besitzer des Blumenladens brachte fünf herrlich duftende Blumensträuße und eilte dann zurück in seinen Laden.

„Sie müssen die Kette wieder in den Tresor sperren, Frau Bichler!“, rief Frau Reinlich, als gerade alle zur Kirche aufbrechen wollten. „Dafür ist jetzt keine Zeit mehr, ich verstecke sie nur schnell unter dem Sofakissen im Wohnzimmer“, antwortete die alte Dame hastig und verschwand kurz. „Ich kann ja leider nicht mitkommen“, verabschiedete sich Herr Klein anschließend. „Ich habe heute einen wichtigen Arzttermin.“ Nun stieg Frau Bichler zu Frau Reinlich ins Auto, und Hans fuhr alleine mit seinem Wagen zur Kirche.

Welche Personen waren bei Frau Bichler? Unterstreiche sie im Text.

Als Frau Bichler und Frau Reinlich an der Kirche ankamen, klingelte das Handy der alten Dame. „Hallo Tantchen! Hier ist Hans! Ich habe eine Autopanne und lasse mich zur Werkstatt abschleppen. Ich schaffe es sicher nicht mehr zur Kirche! Tut mir leid!“ „Schade, Hans, aber du kommst doch später zum Kaffee, ja?“ Neffe Hans versprach seiner Tante, so schnell wie möglich nachzukommen, und legte auf.

Da das Haus der Bichlers nun leer war, hatte es der Dieb leicht. Im strömenden Regen schlich er durch den Garten und schlug das Wohnzimmerfenster ein. Er hatte es auf die wertvolle Perlenkette abgesehen und fand sie auch gleich unter dem Sofakissen. Fünf Minuten später verschwand er ebenso unbemerkt, wie er ins Haus gekommen war.

Welche Personen wussten, wo die Kette versteckt ist? Kreise sie ein.

Herr Rose	Neffe Hans	Nachbar Klein	Theo Tüftel	Frau Reinlich

Für schnelle Nachwuchsdetektive:
Wie wurde die Perlenkette gestohlen? Unterstreiche im Text.

Die ganze Hochzeit über und beim anschließenden Auszug aus der Kirche regnete es in Strömen. So waren Frau Bichler und Frau Reinlich trotz ihrer Regenschirme völlig durchnässt, als sie zwei Stunden später nach Hause kamen. „Zum Glück scheint jetzt endlich die Sonne“, sagte Frau Bichler erleichtert und ging ins Wohnzimmer, um die Perlenkette zu holen. Doch kaum hatte sie die Tür geöffnet, ließ sie einen entsetzten Schrei los: „Hilfe! Es ist eingebrochen worden! Die Perlenkette ist weg!“ Als Theo Tüftel im Haus der alten Dame eintraf, sah er sich den Tatort an. „So ein Pech!“, jammerte Frau Bichler den Tränen nahe, „ich habe die Kette sonst im Tresor! Erst heute Morgen habe ich sie selbst unter dem Sofakissen versteckt, bevor wir zusammen zur Kirche fuhren!“ Der Detektiv ließ sich von Frau Bichler erzählen, wer wusste, dass die Kette unter dem Sofakissen war. Anschließend schrieb er sich auf, wo die Personen zur Tatzeit waren.

Hilf Theo Tüftel bei seinem Notizzettel. Schreibe auf, wo die verdächtigen Personen zur Tatzeit waren.

verdächtige Person	war zur Tatzeit ...
Nachbar Klein	______________________
Neffe Hans	______________________
Frau Reinlich	______________________

Eine Person kann die Kette nicht gestohlen haben. Unterstreiche, wer noch verdächtig ist.

„Das ist ja furchtbar!“, rief Nachbar Klein, als er vom Diebstahl erfuhr. Dann erklärte er Theo Tüftel, dass er nicht in der Kirche war, weil er einen Arzttermin hatte. „Wenigstens habe ich dort den Regen nicht abbekommen!“, meinte er und hängte seine trockene Jacke neben die nassen Mäntel von Frau Bichler und Frau Reinlich. Kurze Zeit später traf Neffe Hans ein. Er hängte seine tropfende Jacke neben die seiner Tante und rubbelte sich die nassen Haare mit einem Handtuch trocken, während er Theo Tüftel von seiner Autopanne erzählte: „Ich war die ganze Zeit in der Autowerkstatt und bin gerade erst hergefahren. Das mit der Perlenkette ist ja furchtbar! Die war so lange im Familienbesitz!“, erklärte er dem Detektiv. Theo Tüftel sah sich die beiden Männer noch einmal genau an. Dann sagte er: „Ich denke, ich habe einen Verdacht, wer die Tat begangen hat.“

Wer hat die Perlenkette gestohlen, und wie kann Theo Tüftel es beweisen?

Du darfst den Tüftel-Tipp ansehen, wenn du nicht weiterweißt!

Täter/Täterin ist ______________________.

Durch diese Falschaussage hat die Person sich verraten: ______________________

____

Schon fertig? Hole dir ein Rätsel zur Geschichte.

Meisterdetektiv Theo Tüftel:

Der Schatz unterm Sofakissen

Als die Enkelin von Bürgermeister Bichler heiratete, war die Aufregung bei den Großeltern groß. Während Herr Bichler die Braut zur Kirche begleitete, versammelten sich bei Frau Bichler mehrere Gäste, um der glücklichen Großmutter bei den letzten Vorbereitungen zu helfen: ihr Neffe Hans, der Nachbar Herr Klein und die Haushaltshilfe Frau Reinlich. Stolz zeigte ihnen Frau Bichler die wertvolle Perlenkette – ein altes Familienerbstück –, die sie ihrer Enkelin zur Hochzeit schenken wollte. Während die drei Gäste die Kette bewunderten, öffnete Frau Bichler Herrn Rose die Tür. Der Besitzer des Blumenladens brachte fünf herrlich duftende Blumensträuße und eilte dann zurück in seinen Laden. „Sie müssen die Kette wieder in den Tresor sperren, Frau Bichler!“, rief Frau Reinlich, als gerade alle zur Kirche aufbrechen wollten. „Dafür ist jetzt keine Zeit mehr, ich verstecke sie nur schnell unter dem Sofakissen im Wohnzimmer“, antwortete die alte Dame hastig und verschwand kurz. „Ich kann ja leider nicht mitkommen“, verabschiedete sich Herr Klein anschließend. „Ich habe heute einen wichtigen Arzttermin.“ Nun stieg Frau Bichler zu Frau Reinlich ins Auto, und Hans fuhr alleine mit seinem Wagen zur Kirche.

Welche Personen waren bei Frau Bichler? Unterstreiche sie in den Zeilen 6 bis 12.

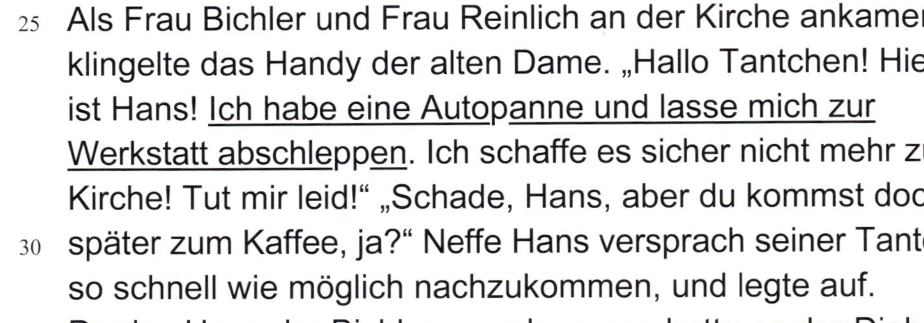

Als Frau Bichler und Frau Reinlich an der Kirche ankamen, klingelte das Handy der alten Dame. „Hallo Tantchen! Hier ist Hans! Ich habe eine Autopanne und lasse mich zur Werkstatt abschleppen. Ich schaffe es sicher nicht mehr zur Kirche! Tut mir leid!“ „Schade, Hans, aber du kommst doch später zum Kaffee, ja?“ Neffe Hans versprach seiner Tante, so schnell wie möglich nachzukommen, und legte auf.

Da das Haus der Bichlers nun leer war, hatte es der Dieb leicht. Im strömenden Regen schlich er durch den Garten und schlug das Wohnzimmerfenster ein. Er hatte es auf die wertvolle Perlenkette abgesehen und fand sie auch gleich unter dem Sofakissen. Fünf Minuten später verschwand er ebenso unbemerkt, wie er ins Haus gekommen war.

Eine Person war nicht mehr da, als Frau Bichler die Kette versteckte. Lies auf Seite 1 in Zeile 13 und 14 nach. Kreise die anderen drei Personen rot ein.

Der Dieb wusste, dass die Kette unter dem Kissen war. Sonst hätte er länger gesucht!

Lies in Zeile 33 bis 36 ganz genau nach, wie die Kette gestohlen wurde.

Die ganze Hochzeit über und beim anschließenden Auszug aus der Kirche regnete es in Strömen. So waren Frau Bichler und Frau Reinlich trotz ihrer Regenschirme völlig durchnässt, als sie zwei Stunden später nach Hause kamen. „Zum Glück scheint jetzt endlich die Sonne", sagte Frau Bichler erleichtert und ging ins Wohnzimmer, um die Perlenkette zu holen. Doch kaum hatte sie die Tür geöffnet, ließ sie einen entsetzten Schrei los: „Hilfe! Es ist eingebrochen worden! Die Perlenkette ist weg!"
Als Theo Tüftel im Haus der alten Dame eintraf, sah er sich den Tatort an. „So ein Pech!", jammerte Frau Bichler den Tränen nahe, „ich habe die Kette sonst im Tresor! Erst heute Morgen habe ich sie selbst unter dem Sofakissen versteckt, bevor wir zusammen zur Kirche fuhren!" Der Detektiv ließ sich von Frau Bichler erzählen, wer wusste, dass die Kette unter dem Sofakissen war. Anschließend schrieb er sich auf, wo die Personen zur Tatzeit waren.

Hier ist etwas durcheinandergekommen. Verbinde richtig: Welche Person war an welchem Ort?

verdächtige Person	war zur Tatzeit ...
Nachbar Klein	in der Autorwerkstatt
Neffe Hans	in der Kirche
Frau Reinlich	beim Arzt

Eine Person kann die Kette nicht gestohlen haben. Unterstreiche, wer noch verdächtig ist.

„Das ist ja furchtbar!", rief Nachbar Klein, als er vom Diebstahl erfuhr. Dann erklärte er Theo Tüftel, dass er nicht in der Kirche war, weil er einen Arzttermin hatte. „Wenigstens habe ich dort den Regen nicht abbekommen!", meinte er und hängte seine trockene Jacke neben die nassen Mäntel von Frau Bichler und Frau Reinlich. Kurze Zeit später traf Neffe Hans ein. Er hängte seine tropfende Jacke neben die seiner Tante und rubbelte sich die nassen Haare mit einem Handtuch trocken, während er Theo Tüftel von seiner Autopanne erzählte: „Ich war die ganze Zeit in der Autowerkstatt und bin gerade erst hergefahren. Das mit der Perlenkette ist ja furchtbar! Die war so lange im Familienbesitz!", erklärte er dem Detektiv. Theo Tüftel sah sich die beiden Männer noch einmal genau an. Dann sagte er: „Ich denke, ich habe einen Verdacht, wer die Tat begangen hat."

Wer hat die Perlenkette gestohlen, und wie kann Theo Tüftel es beweisen?

Du darfst den Tüftel-Tipp ansehen, wenn du nicht weiterweißt!

Täter/Täterin ist ______________________

Durch diese Falschaussage hat die Person sich verraten: ______________________

____

Schon fertig? Hole dir ein Rätsel zur Geschichte.

Vorlesetext zur Auflösung/Tüftel-Tipp

„Sie glauben, der Täter oder die Täterin ist jemand von uns? Das meinen Sie doch nicht ernst!", rief Neffe Hans empört.

Theo Tüftel schmunzelte: „Ich glaube nicht nur, dass es jemand von Ihnen ist, ich glaube, dass Sie es sind, Hans! Sie haben genau gewusst, wo die Perlenkette versteckt war. Deshalb mussten Sie nicht das ganze Zimmer durchwühlen, sondern haben sofort unter dem Kissen nachgesehen. Außerdem kann Ihr Alibi nicht ganz stimmen! Das Dach der Autowerkstatt muss ganz schön undicht sein oder wie erklären Sie sich, dass Sie dort klatschnass geworden sind?"

Hans wurde erst rot, dann weiß im Gesicht und versuchte, sich herauszureden. Aber es half ihm nichts. Einige Telefonate später hatte Theo Tüftel herausgefunden, dass der Nachbar, Herr Klein, wirklich beim Arzt gewesen war. Hans war dagegen nie in einer Autowerkstatt aufgetaucht. Zwei Polizeibeamte, die Theo Tüftel gerufen hatte, durchsuchten das ganze Auto und klingelten kurz darauf an der Tür. In einer kleinen schwarzen Ledertasche hatten sie die wertvolle Perlenkette gefunden. Hans hatte sie im Kofferraum unter dem Reserverad versteckt.

„Vielen, vielen Dank, Herr Tüftel!", seufzte Frau Bichler erleichtert. „Wie kann ich das nur wieder gutmachen?" Aber als Theo Tüftel nur den Kopf schüttelte, lud sie den Meisterdetektiv wenigstens zum Hochzeitskaffee ein. Theo Tüftel probierte alle sieben Kuchensorten, was eindeutig zu viel des Guten war. Außerdem durfte er mit der Braut tanzen, an deren Hals die Perlenkette noch hundertmal schöner aussah.

Mein Tüftel-Tipp für dich:

Lies in Zeile 62 bis 67 nach, was Hans tut, als er das sagt!

Ich war die ganze Zeit in der Autowerkstatt und bin gerade erst hergefahren!

Illustrationen: Monika Heidtkamp

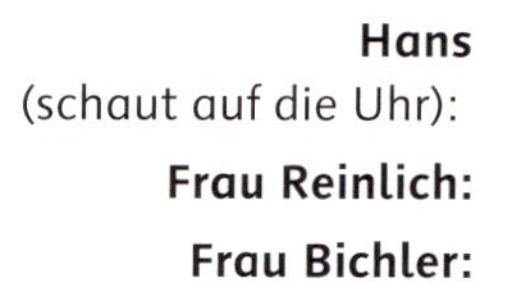

Rollenspiel „Der Schatz unterm Sofakissen“

Personen: Frau Bichler, Hans, Herr Klein, Frau Reinlich, Herr Rose
Im Wohnzimmer: Frau Bichler zeigt Hans, Herrn Klein und Frau Reinlich die wertvolle Perlenkette.

Frau Bichler: Die Perlenkette ist ein altes, wertvolles Familienerbstück. Ich möchte sie meiner Enkelin zur Hochzeit schenken.
→ *Die anderen Personen schauen sich die Kette bewundernd an.*
Herr Klein: Das ist wirklich eine schöne Kette!
Hans: Die Kette muss mindestens hundert Jahre alt sein!
Frau Reinlich: Die Braut sieht damit sicher wunderschön aus!
→ *Es klingelt an der Tür. Frau Bichler öffnet und Herr Rose kommt herein.*
Herr Rose: Ich bringe die fünf Blumensträuße für die Hochzeit.
Frau Bichler: Oh, die duften ja herrlich!
Herr Rose: Ich muss gleich zurück in den Laden. Ich wünsche Ihnen eine schöne Feier, Frau Bichler!
Frau Bichler: Danke. Auf Wiedersehen!
→ *Frau Bichler schließt die Tür und kehrt zu den anderen zurück.*
Hans (schaut auf die Uhr): Oh je! Wir müssen dringend los.
Frau Reinlich: Sie müssen die Kette wieder in den Tresor sperren, Frau Bichler!
Frau Bichler: Dafür ist jetzt keine Zeit mehr, ich verstecke sie nur schnell unter dem Sofakissen im Wohnzimmer.
→ *Frau Bichler eilt ins Wohnzimmer und versteckt die Kette. Als sie zurückkommt, verabschiedet sich Herr Klein.*
Herr Klein: Ich kann ja leider nicht mitkommen. Ich habe heute einen wichtigen Arzttermin.
→ *Er geht hinaus.*
Hans: Ich fahre schon mal los.
→ *Er geht hinaus.*
Frau Reinlich: Kommen Sie, Frau Bichler! Wir wollen doch nicht zu spät zur Hochzeit kommen.
→ *Beide gehen hinaus.*

Rätsel für superschnelle Nachwuchsdetektive

Name: ....

1. Herr Klein ist Frau Bichlers ...
2. Das verkauft Herr Rose in seinem Laden.
3. Das will Frau Bichler der Braut schenken.
4. Hier ist der Schmuck normalerweise eingesperrt.
5. Frau Bichler jammert: „So ein ...“
6. Der Weg des Diebes führt durch den ...
7. Frau Bichler ist die Oma der Braut. Die Braut ist also ihre ...
8. So heißt der Neffe.
9. Der Neffe kann nicht zur Kirche kommen, weil er mit seinem Auto dorthin muss.

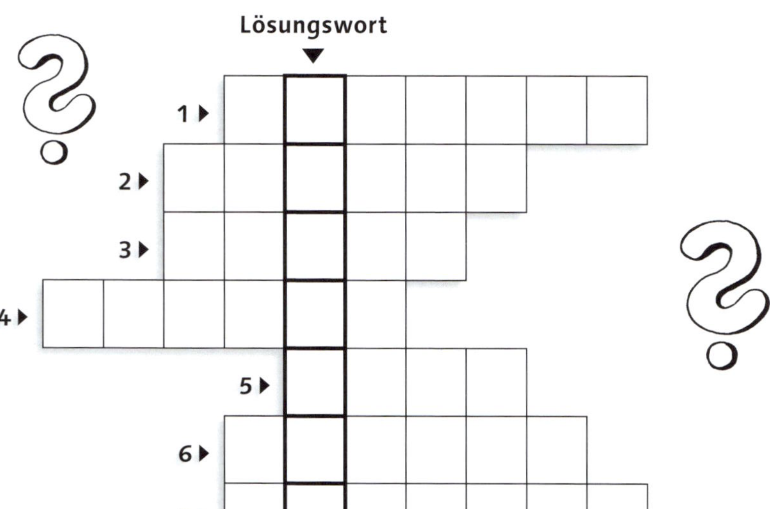

Lösungswort: ....

Bild- und Textvorlagen (1/2)

Bild- und Textvorlagen (2/2)

Der Schatz unterm Sofakissen	
Herr Rose	Frau Reinlich
Frau Bichler	Arzt
Neffe Hans	Kirche
Herr Klein	Autowerkstatt

Ich war die ganze Zeit in der Autowerkstatt und bin gerade erst hergefahren!

Es geht um die Wurst!

Dauer:
zwei Unterrichtsstunden

Lösung des Falls:
Täter*in: Studentin Pia
Beweise im Text: Nach dem Ausscheiden der anderen Teilnehmer*innen aus dem Wettbewerb bleiben nur Pia und Andi als Verdächtige übrig. Andi kommt als Täter nicht infrage, da er als Rollstuhlfahrer nicht auf die Bühne gelangt sein kann, um den Würstchenkorb zu holen.

Zusätzliche Materialien/Impulse:
Einstieg: Korb mit Würsten, Audiodatei mit Gebell oder Fühlbeutel mit Stoffhund
Für das Tafelbild: Wortkarten mit Namen der Personen in 2-facher Ausführung

Ideen für den Unterrichtsverlauf

(Für die mit ❂ gekennzeichneten Begriffe finden Sie im Vorwort Hinweise und Erläuterungen.)
Einstieg ❂ mit großer Detektivversammlung ❂. Sie leiten die Stunde mit einem der Impulse ein und schreiben die Überschrift an. Die Kinder vermuten, um was es in der Geschichte gehen könnte.
Von nun an werden **je eine Textseite** mit einer Lesetechnik ❂ erlesen und die **dazugehörigen Aufgaben** bearbeitet. Das Erlesene wird dann **nachbesprochen** und im **Tafelbild dargestellt**.

Ideen und besondere Hinweise zu den einzelnen Textteilen:

Hinweis vorab: Die hier vorgeschlagenen Ideen sind für die analoge Tafel im Klassenraum gedacht. Nutzen Sie hierfür entweder die Wort- und Bildkarten aus diesem Buch oder ausgedruckt aus dem Download. Alternativ können Sie die Ideen, entsprechend abgewandelt, auch mit den Wort- und Bildkarten aus dem Download (JPG-und PNG-Dateien) auf Ihrer digitalen Tafel umsetzen (siehe dazu Hinweis auf S. 8).

Seite 1:
Motivierend ist es, die erste Textseite vorzulesen und die Bild- und Wortkarten von Theo Tüftel, Agathe und Pfötchen gemeinsam an die Tafel zu heften. Am Platz bearbeiten die Schüler*innen die Aufgabe und schmücken Pfötchen an der Tafel mit passenden Accessoires (s. Kopiervorlage S. 53).

Seiten 2 und 3:
Differenzierung: Sie ordnen mit schwachen Leser*innen die Wort- und Bildkarten der Personen und Hunde am Boden. Bei der Besprechung stellen die Kinder ihre Lösung vor und heften die Karten an die Tafel.
Differenzierung: Starke Leser*innen füllen die Tabelle an der Tafel mithilfe der Wortkarten aus und belegen die Zuordnung durch entsprechende Textstellen.

Seite 4:
Sie heften das Bild des Rednerpults an die Tafel. Die Kinder bringen die Bildkarte des Wurstkorbs an der richtigen Stelle an und suchen den entsprechenden Textbeleg.

Seite 5:
Die Kinder vermuten, warum Theo Tüftel den Ball zuvor nicht gesehen hat. Sie verschieben die Bildkarten von Helga und Paula („ausgeschieden“).

Seite 6:
Nach Bearbeitung der Aufgabe werden die Karten von Waldi und Franz an die linke Tafelseite verschoben. Die Kinder versuchen, zu erklären, warum Theo Tüftel nicht mehr an einen Zufall glaubt. Anschließend bringen sie die Strukturkarte „verdächtig“ im Tafelbild an und begründen. Im Anschluss daran kann der Begriff „Motiv“ besprochen und ins Taschenlexikon ❂ eingetragen werden.

Seite 7:
Die Schüler*innen bearbeiten die letzte Seite in ihren Tüftelgruppen ❂ und treffen sich anschließend in der Detektivversammlung ❂ zur Besprechung der Lösung.
Differenzierung: Schnelle Leser*innen machen sich Gedanken über den zweideutigen Titel. Sie als Lehrkraft lesen das Ende der Geschichte vor.
Der Stempel im Detektivausweis ❂ und die Wandgestaltung ❂ runden die Stunde ab.

Tafelbild

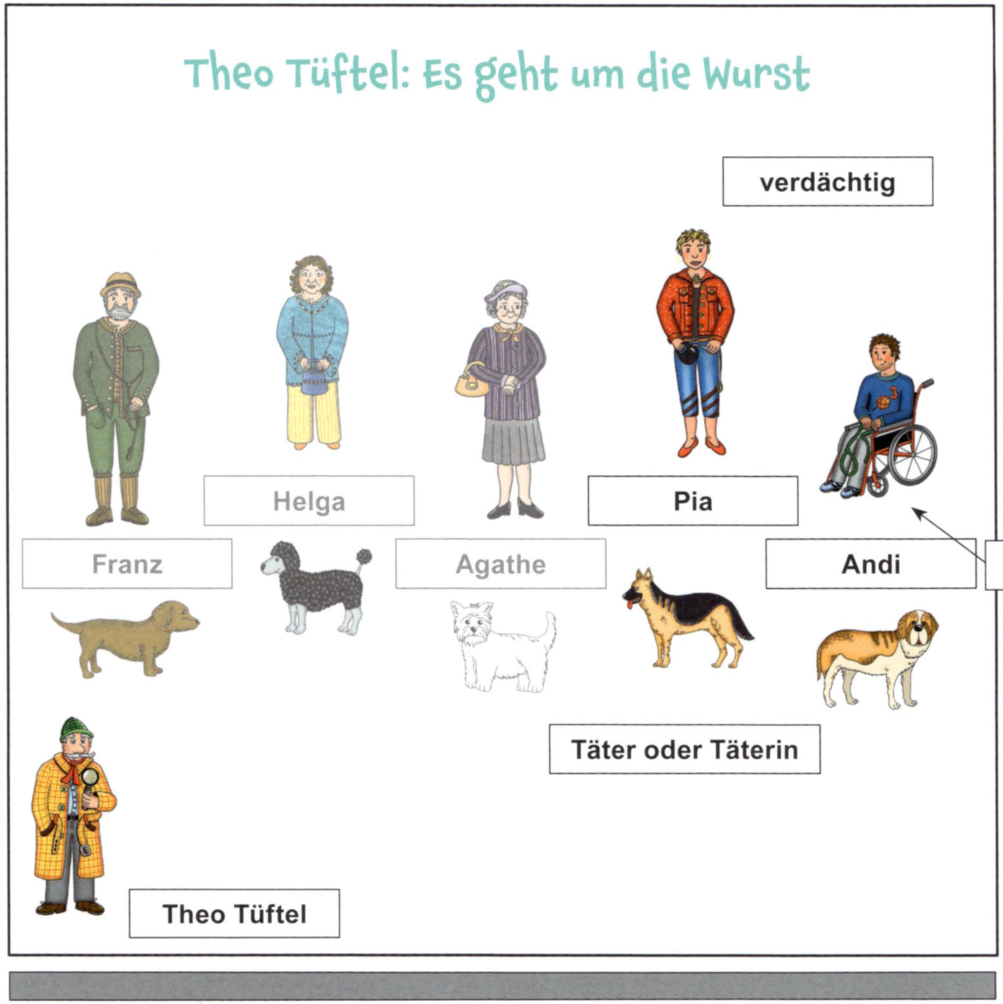

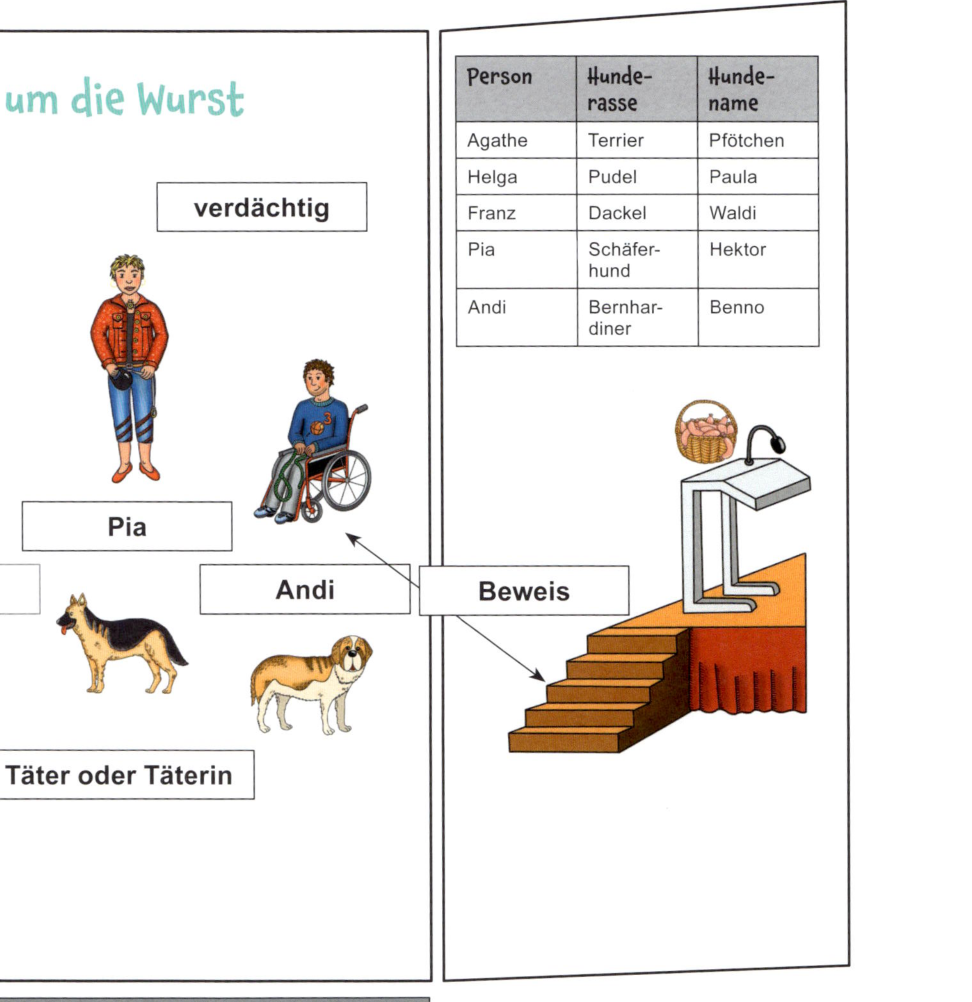

Person	Hunde-rasse	Hunde-name
Agathe	Terrier	Pfötchen
Helga	Pudel	Paula
Franz	Dackel	Waldi
Pia	Schäfer-hund	Hektor
Andi	Bernhar-diner	Benno

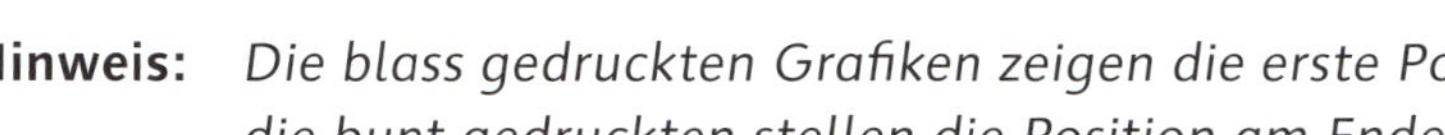

Hinweis: *Die blass gedruckten Grafiken zeigen die erste Position der Bild- und Wortkarten im Tafelbild, die bunt gedruckten stellen die Position am Ende der Unterrichtseinheit dar.*

Meisterdetektiv Theo Tüftel:

Es geht um die Wurst!

„Theo!“, rief Theo Tüftels Nachbarin Agathe aufgeregt, als sie den Meisterdetektiv am Gartenzaun traf. „Unsere Hundeschule führt einen Wettbewerb durch, und der Gewinner erhält 500 Euro!“ Diese Chance konnte sich Agathe nicht entgehen lassen! Sie war fest davon überzeugt, dass ihr schneeweißer Terrier namens Pfötchen der tollste Hund der Welt war! „Du musst unbedingt mitkommen!“, bettelte Agathe. Da konnte der Meisterdetektiv natürlich nicht Nein sagen.

So stand er eine Woche später am Gartentor und wartete auf seine Nachbarin und Pfötchen. Als er den Terrier sah, musste er grinsen: Pfötchen war ordentlich frisiert, hatte ein gelbes Band mit einem roten, herzförmigen Anhänger um den Hals, und zwei hellblaue Schleifen schmückten die Ohren. „So gewinnt Pfötchen sicher!“, lachte Theo Tüftel und die drei machten sich auf den Weg zur Hundeschule.

Wie sieht Pfötchen aus? Lies genau nach, und male.

Außer Pfötchen nahmen noch vier andere Hunde und ihre Besitzer und Besitzerinnen am Wettbewerb teil: Da war Helga mit ihrer Pudeldame Paula. Deren schwarzes Fell war in Hunderte Locken gedreht. „Zwei Stunden habe ich dafür gebraucht!“, erzählte Helga stolz. „Aber Paula interessiert sich überhaupt nicht für ihre Frisur. Sie würde lieber den ganzen Tag Ball spielen!“ Neben Helga stand ein älterer Herr mit Hut. Er hieß Franz und hatte seinen dunkelbraunen Dackel Waldi dabei. Der dritte Teilnehmende namens Hektor war ein braun-schwarzer Schäferhund und gehörte Pia, einer jungen Studentin. „Und das ist Andi mit seinem Benno. Andi hatte vor sechs Jahren einen schweren Unfall“, erklärte Agathe dem Meisterdetektiv und zeigte auf einen Mann im Rollstuhl, neben dem ein braun-weißer Bernhardiner mit wuscheligem Fell saß.

Schreibe die richtigen Namen zu den Personen auf der nächsten Seite.

Welcher Hund gehört zu wem? Verbinde auf der nächsten Seite. Fülle die Tabelle hier richtig aus.

Person	***Hunderasse***	***Hundename***
Agathe		
	Pudel	
Franz		
		Hektor
	Bernhardiner	

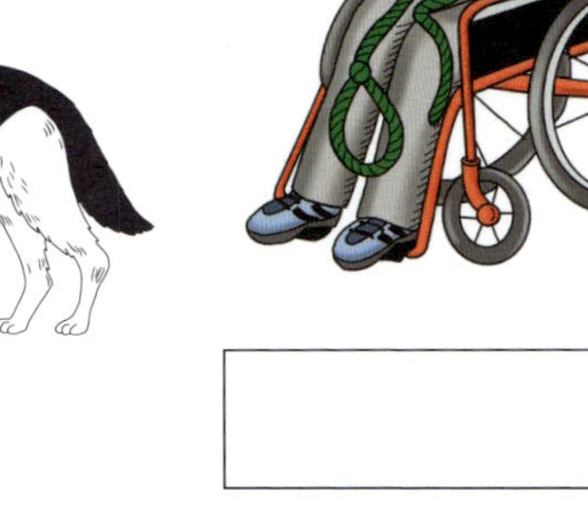

Für Schnelle: Male die Hunde richtig aus.

Während die Besitzer und Besitzerinnen im Festzelt ihre Hunde vorbereiteten, sah sich Theo Tüftel auf dem Gelände um. Neben der Hundeschule befand sich ein Bauernhof mit einem Ententeich. Theo Tüftel spazierte am Teich vorbei zu einem Stall mit einigen Kaninchen. Der Meisterdetektiv steckte gerade ein großes Blatt Löwenzahn durch das Gitter, als er einen Gong hörte. Schnell kehrte er in das Festzelt zurück, wo nun der Wettbewerb begann.

Zu Beginn stieg ein Mann im Anzug die fünf Stufen zur Bühne hinauf und ergriff das Mikrofon am Rednerpult. „Herzlich willkommen zu unserem Hundewettbewerb!“, begrüßte er die Gäste mit lauter Stimme. „500 Euro darf der Gewinner mit nach Hause nehmen!“, rief er stolz und hielt einen großen roten Umschlag in die Höhe. „Aber auch unsere vierbeinigen Freunde sollen nicht leer ausgehen: Ein riesiger Korb mit Würstchen steht hier oben für den Siegerhund bereit!“ Der Mann stellte den Korb auf dem Rednerpult ab und stieg dann die fünf Stufen wieder hinunter. Nun konnte der Wettbewerb beginnen.

Wie sah das Gelände aus? Unterstreiche im Text.

Wo steht der Würstchenkorb? Mache ein Kreuz an die Stelle im Bild.

In der ersten Runde wurde das Aussehen der Hunde bewertet. Dackel Waldi durfte als Erster über die Bühne laufen. Ihm folgten Schäferhund Hektor und Bernhardiner Benno, der mitten auf der Bühne sitzen blieb. Pfötchen lief als Nächste elegant auf die Bühne. In der Mitte blieb sie stehen und präsentierte ihr schneeweißes Fell von allen Seiten. Die Gäste applaudierten begeistert. „Pfötchen war die Beste!“, rief Agathe stolz, und Theo Tüftel gab ihr Recht. Nun sollte Pudeldame Paula die Bühne betreten, doch niemand konnte sie und Helga entdecken. Plötzlich hörte man einen lauten Schrei von draußen: „Nein, Paula, nicht in den Teich!“ Theo Tüftel und Agathe liefen sofort aus dem Zelt und sahen, wie Paula mit einem „Platsch“ im Ententeich landete, auf dem ein bunter Ball schwamm. „Die schönen Locken!“, rief Helga verzweifelt. „Jetzt können wir den Wettbewerb vergessen!“ Theo Tüftel runzelte die Stirn: Warum war ihm der Ball zuvor gar nicht aufgefallen?

Streiche die falschen Aussagen durch.

Theo Tüftel hat den bunten Ball schon vorher am Teich gesehen.

Paula scheidet aus dem Wettbewerb aus.

In der ersten Runde wurde die Schnelligkeit der Hunde bewertet.

Paula ist in den Ententeich gesprungen.

Bernhardiner Benno wollte mit dem Ball auf dem Teich spielen.

Paula würde am liebsten den ganzen Tag Ball spielen.

Zurück im Zelt ging der Wettbewerb für die anderen vier Hunde weiter. Die Jury bewertete nun, wie gut die Hunde folgten. Schäferhund Hektor hörte blitzschnell auf „Platz“ und „Sitz“ und holte das Stöckchen, das Pia warf, sofort. Auch Bernhardiner Benno folgte gut, war aber beim Stöckchenholen unglaublich langsam. Pfötchen meisterte die Aufgaben ohne Probleme und bekam von Agathe einen Hundekeks. Nun war Dackel Waldi an der Reihe, und Franz ließ den Hund von der Leine. Gerade, als er das erste Kommando rufen wollte, schrie plötzlich eine Frau: „Ein Kaninchen!“ Wie ein Pfeil flitzte das pelzige Tier durch das Zelt und vorbei an Waldi. Der Hund nahm sofort die Verfolgung auf und sauste zwischen den kreischenden Gästen hindurch. Franz rannte, laut schreiend, hinter den beiden her. „So ein dummer Zufall!“, rief Agathe. „Waldi hört sonst prima auf Kommandos!“ Der Meisterdetektiv schüttelte nachdenklich den Kopf: An einen Zufall wollte er nicht so recht glauben.

Welche Hunde können nicht mehr am Wettbewerb teilnehmen? Streiche sie durch.

Im letzten Teil des Wettbewerbs führten die Hunde Kunststücke vor. Hektor konnte allerlei tolle Tricks und erhielt vom Publikum kräftigen Applaus. Auch Benno machte seine Sache erstaunlich gut. Plötzlich zupfte Agathe Theo Tüftel aufgeregt am Ärmel: „Pfötchen ist verschwunden!“ Sofort machten sich die beiden auf die Suche und fanden Pfötchen schlafend in einer Ecke des Zeltes. Neben ihr lagen einige Wurstreste und der große Korb. „Oh, Pfötchen! Du hast ja die ganzen Preiswürste gefressen! So kannst du keine Kunststücke mehr machen!“, stellte Agathe entsetzt fest, „sie muss die Würste wohl von der Bühne geholt haben!“ Aber der Detektiv war anderer Meinung: „Pfötchen kann sicher viele Kunststücke. Aber einen Korb, der größer ist als sie selbst, vom Rednerpult holen, das kann nicht einmal sie! Hier möchte jemand unbedingt gewinnen, und ich weiß auch schon, wer das ist!“

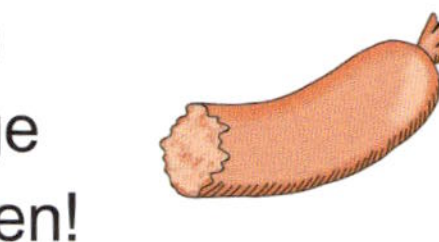

Welches Motiv hatte der Täter oder die Täterin?

Der Täter/die Täterin wollte unbedingt ______________.

Täter/Täterin ist ______________, **weil** ___________

____

____

____

Du darfst den Tüftel-Tipp ansehen, wenn du nicht weiterweißt!

Rätsel für superschnelle Nachwuchsdetektive

1. Wie heißt Agathes Hund?
2. Diese Form hat Pfötchens Anhänger.
3. Hier findet der Wettbewerb statt.
4. Pia ist eine ______________.
5. Das Fell des Bernhardiners ist braun-weiß und ______________.
6. An welchem Geräusch erkennt Theo Tüftel, dass der Wettbewerb beginnt?
7. Hier steht der Korb mit den Würstchen.
8. Daran glaubt Theo Tüftel nicht recht.
9. Darauf sollen die Hunde in der zweiten Wettbewerbsrunde hören.

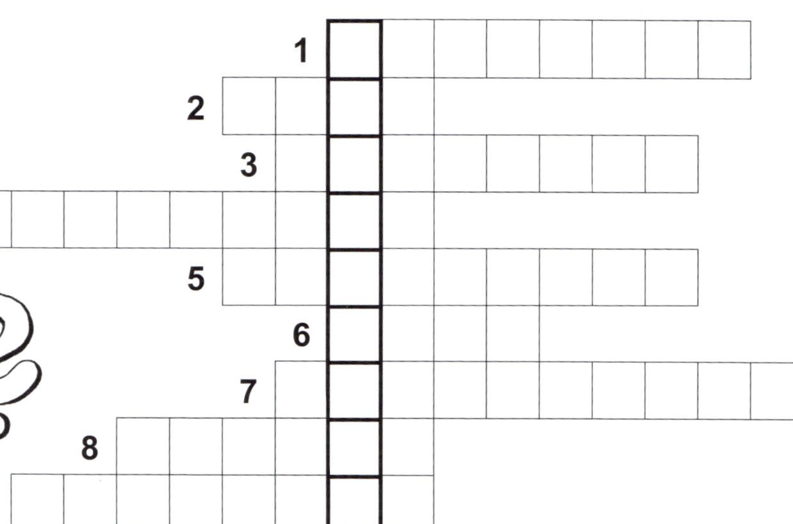

Lösungswort: ______________________

Meisterdetektiv Theo Tüftel:
Es geht um die Wurst!

„Theo!“, rief Theo Tüftels Nachbarin Agathe aufgeregt, als sie den Meisterdetektiv am Gartenzaun traf. „Unsere Hundeschule führt einen Wettbewerb durch, und der Gewinner erhält 500 Euro!“ Diese Chance konnte sich Agathe nicht entgehen lassen! Sie war fest davon überzeugt, dass ihr schneeweißer Terrier namens Pfötchen der tollste Hund der Welt war! „Du musst unbedingt mitkommen!“, bettelte Agathe. Da konnte der Meisterdetektiv natürlich nicht Nein sagen.

So stand er eine Woche später am Gartentor und wartete auf seine Nachbarin und Pfötchen. Als er den Terrier sah, musste er grinsen: Pfötchen war ordentlich frisiert, hatte ein gelbes Band mit einem roten, herzförmigen Anhänger um den Hals, und zwei hellblaue Schleifen schmückten die Ohren. „So gewinnt Pfötchen sicher!“, lachte Theo Tüftel, und die drei machten sich auf den Weg zur Hundeschule.

Wie sieht Pfötchen aus? Lies genau nach, und male.

Außer Pfötchen nahmen noch vier andere Hunde und ihre Besitzer und Besitzerinnen am Wettbewerb teil: Da war Helga mit ihrer Pudeldame Paula. Deren schwarzes Fell war in Hunderte Locken gedreht. „Zwei Stunden habe ich dafür gebraucht!“, erzählte Helga stolz. „Aber Paula interessiert sich überhaupt nicht für ihre Frisur. Sie würde lieber den ganzen Tag Ball spielen!“ Neben Helga stand ein älterer Herr mit Hut. Er hieß Franz und hatte seinen dunkelbraunen Dackel Waldi dabei. Der dritte Teilnehmende namens Hektor war ein braun-schwarzer Schäferhund und gehörte Pia, einer jungen Studentin. „Und das ist Andi mit seinem Benno. Andi hatte vor sechs Jahren einen schweren Unfall“, erklärte Agathe dem Meisterdetektiv und zeigte auf einen Mann im Rollstuhl, neben dem ein braun-weißer Bernhardiner mit wuscheligem Fell saß.

Welcher Hund gehört zu wem? Verbinde auf der nächsten Seite. Fülle die Tabelle hier richtig aus.

Person	*Hunderasse*	*Hundename*
Agathe		
Helga	*Pudel*	
Franz		*Waldi*
	Schäferhund	*Hektor*
Andi	*Bernhardiner*	

Helga

Waldi

Pia

Benno

Franz

Paula

Andi

Hektor

Für Schnelle: Lies genau nach, und male die Hunde in den richtigen Farben aus.

Während die Besitzer und Besitzerinnen im Festzelt ihre Hunde vorbereiteten, sah sich Theo Tüftel auf dem Gelände um. Neben der Hundeschule befand sich ein Bauernhof mit einem Ententeich. Theo Tüftel spazierte am Teich vorbei zu einem Stall mit einigen Kaninchen. Der Meisterdetektiv steckte gerade ein großes Blatt Löwenzahn durch das Gitter, als er einen Gong hörte. Schnell kehrte er in das Festzelt zurück, wo nun der Wettbewerb begann.

Zu Beginn stieg ein Mann im Anzug die fünf Stufen zur Bühne hinauf und ergriff das Mikrofon am Rednerpult. „Herzlich willkommen zu unserem Hundewettbewerb!“, begrüßte er die Gäste mit lauter Stimme. „500 Euro darf der Gewinner mit nach Hause nehmen!“, rief er stolz und hielt einen großen roten Umschlag in die Höhe. „Aber auch unsere vierbeinigen Freunde sollen nicht leer ausgehen: Ein riesiger Korb mit Würstchen steht hier oben für den Siegerhund bereit!“ Der Mann stellte den Korb auf dem Rednerpult ab und stieg dann die fünf Stufen wieder hinunter. Nun konnte der Wettbewerb beginnen.

Was gab es auf dem Gelände? Streiche Falsches durch.

Festzelt – Wald – Ententeich – Hühner – Kaninchenstall – Bauernhof

Wo steht der Würstchenkorb? Mache ein Kreuz an die Stelle im Bild.

In der ersten Runde wurde das Aussehen der Hunde bewertet. Dackel Waldi durfte als Erster über die Bühne laufen. Ihm folgten Schäferhund Hektor und Bernhardiner Benno, der mitten auf der Bühne sitzen blieb. Pfötchen lief als Nächste elegant auf die Bühne. In der Mitte blieb sie stehen und präsentierte ihr schneeweißes Fell von allen Seiten. Die Gäste applaudierten begeistert. „Pfötchen war die Beste!“, rief Agathe stolz, und Theo Tüftel gab ihr Recht. Nun sollte Pudeldame Paula die Bühne betreten, doch niemand konnte sie und Helga entdecken. Plötzlich hörte man einen lauten Schrei von draußen: „Nein, Paula, nicht in den Teich!“ Theo Tüftel und Agathe liefen sofort aus dem Zelt und sahen, wie Paula mit einem „Platsch“ im Ententeich landete, auf dem ein bunter Ball schwamm. „Die schönen Locken!“, rief Helga verzweifelt. „Jetzt können wir den Wettbewerb vergessen!“ Theo Tüftel runzelte die Stirn: Warum war ihm der Ball zuvor gar nicht aufgefallen?

Streiche die falschen Aussagen durch.

Theo Tüftel hat den bunten Ball schon vorher am Teich gesehen.

Paula scheidet aus dem Wettbewerb aus.

Paula ist in den Ententeich gesprungen.

In der ersten Runde wurde die Schnelligkeit der Hunde bewertet.

Zurück im Zelt ging der Wettbewerb für die anderen vier Hunde weiter. Die Jury bewertete nun, wie gut die Hunde folgten. Schäferhund Hektor hörte blitzschnell auf „Platz“ und „Sitz“ und holte das Stöckchen, das Pia warf, sofort. Auch Bernhardiner Benno folgte gut, war aber beim Stöckchenholen unglaublich langsam. Pfötchen meisterte die Aufgaben ohne Probleme und bekam von Agathe einen Hundekeks. Nun war Dackel Waldi an der Reihe, und Franz ließ den Hund von der Leine. Gerade, als er das erste Kommando rufen wollte, schrie plötzlich eine Frau: „Ein Kaninchen!“ Wie ein Pfeil flitzte das pelzige Tier durch das Zelt und vorbei an Waldi. Der Hund nahm sofort die Verfolgung auf und sauste zwischen den kreischenden Gästen hindurch. Franz rannte, laut schreiend, hinter den beiden her. „So ein dummer Zufall!“, rief Agathe. „Waldi hört sonst prima auf Kommandos!“ Der Meisterdetektiv schüttelte nachdenklich den Kopf: An einen Zufall wollte er nicht so recht glauben.

Welche Hunde können nicht mehr am Wettbewerb teilnehmen? Streiche sie durch.

Im letzten Teil des Wettbewerbs führten die Hunde Kunststücke vor. Hektor konnte allerlei tolle Tricks und erhielt vom Publikum kräftigen Applaus. Auch Benno machte seine Sache erstaunlich gut. Plötzlich zupfte Agathe Theo Tüftel aufgeregt am Ärmel: „Pfötchen ist verschwunden!“ Sofort machten sich die beiden auf die Suche und fanden Pfötchen schlafend in einer Ecke des Zeltes. Neben ihr lagen einige Wurstreste und der große Korb. „Oh, Pfötchen! Du hast ja die ganzen Preiswürste gefressen! So kannst du keine Kunststücke mehr machen!“, stellte Agathe entsetzt fest, „sie muss die Würste wohl von der Bühne geholt haben!“ Aber der Detektiv war anderer Meinung: „Pfötchen kann sicher viele Kunststücke. Aber einen Korb, der größer ist als sie selbst, vom Rednerpult holen, das kann nicht einmal sie! Hier möchte jemand unbedingt gewinnen, und ich weiß auch schon, wer das ist!“

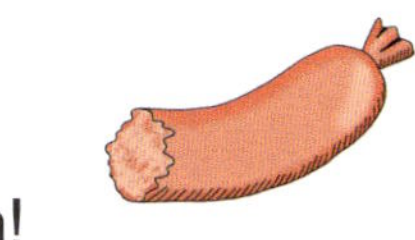

Welches Motiv hatte der Täter oder die Täterin?

Der Täter/die Täterin wollte unbedingt ____________.

Täter/Täterin ist ____________, **weil** ____________

____

____

____

Du darfst den Tüftel-Tipp ansehen, wenn du nicht weiterweißt.

Rätsel für superschnelle Nachwuchsdetektive

1. Wie heißt Agathes Hund?
2. Diese Form hat Pfötchens Anhänger.
3. Hier findet der Wettbewerb statt.
4. Pia ist eine ____________.
5. Das Fell des Bernhardiners ist braun-weiß und ____________.
6. An welchem Geräusch erkennt Theo Tüftel, dass der Wettbewerb beginnt?
7. Hier steht der Korb mit den Würstchen.
8. Daran glaubt Theo Tüftel nicht recht.
9. Darauf sollen die Hunde in der zweiten Wettbewerbsrunde hören.

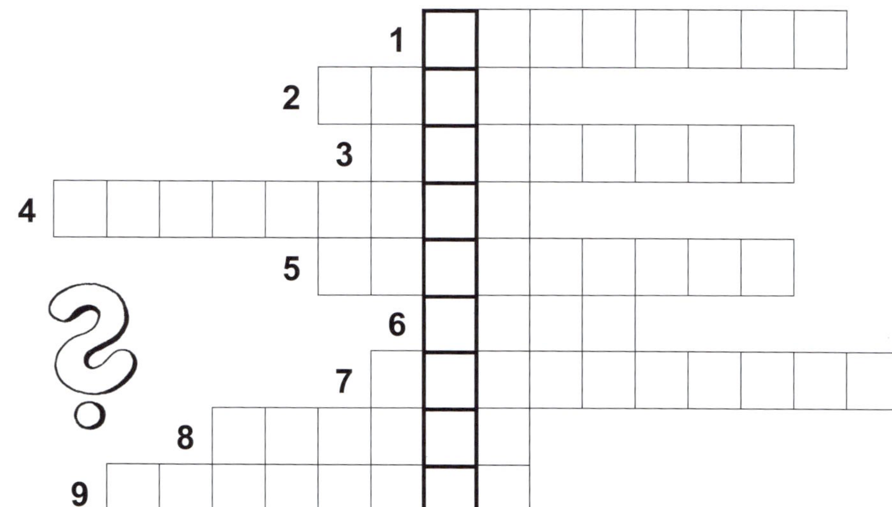

Lösungswort: ____________

Vorlesetext zur Auflösung/Tüftel-Tipp

Theo Tüftel ging zur Jury und wechselte leise ein paar Worte mit dem Herrn im Anzug. Anschließend bat er alle Hundebesitzer und Hundebesitzerinnen, vor das Festzelt zu kommen.

„Leider müssen wir den Wettbewerb an dieser Stelle unterbrechen", sagte er mit ernster Stimme, „ich glaube, dass Paula, Waldi und Pfötchen nicht zufällig ausgeschieden sind." Bevor die erstaunten Teilnehmer und Teilnehmerinnen protestieren konnten, erklärte Theo Tüftel seinen Verdacht: „Helga hat zu Beginn allen erzählt, dass Paula gerne mit Bällen spielt. Trotzdem hätte der Ball auf dem Ententeich natürlich zufällig dort schwimmen können. Auch das entlaufene Kaninchen hätte ein Zufall sein können, auch wenn der Stall kurz vorher noch verschlossen war. Aber dass ein kleiner Terrier einen großen Wurstkorb vom Rednerpult holt, ist absolut unmöglich. Jemand muss ihn ihr absichtlich hingestellt haben. Und ich denke, dass Sie das waren, Pia." Theo Tüftel sah die Studentin an. „Ich?", rief diese empört, „Andi kann es doch genauso gewesen sein! Schließlich hat er mit Benno sonst kaum eine Chance, zu gewinnen!" Aber da lachte Andi plötzlich los: „Tja, liebe Pia. Ich bin mit meinem Rollstuhl zwar ziemlich schnell, aber fünf Stufen zur Bühne komme ich dann doch nicht hinauf! Da hab ich wohl ein ziemlich sicheres Alibi, nicht wahr, Herr Tüftel?" Der Detektiv nickte zustimmend, und nach einigem Zögern gab Pia schließlich ihre Schuld zu.

Nun ergriff der Herr im Anzug das Wort: „Hektor ist damit natürlich vom Hundewettbewerb disqualifiziert. Das Preisgeld wird unter den vier anderen Hunden aufgeteilt, da ja nicht alle Teilnehmer und Teilnehmerinnen faire Bedingungen hatten." Aus Freude über den unverhofften Gewinn bedankten sich alle ganz herzlich bei dem Meisterdetektiv für seine gute Arbeit, und der Herr im Anzug ernannte ihn zum Ehrenmitglied des Hundevereins. Darüber freute sich vor allem Agathe und rief begeistert: „Juhu, jetzt kannst du uns jedes Jahr zum Wettbewerb begleiten!"

Mein Tüftel-Tipp für dich:

Lies nach, wo der Wurstkorb stand!

Illustrationen: Monika Heidtkamp

Bild- und Textvorlagen (1/3)

Bild- und Textvorlagen (2/3)

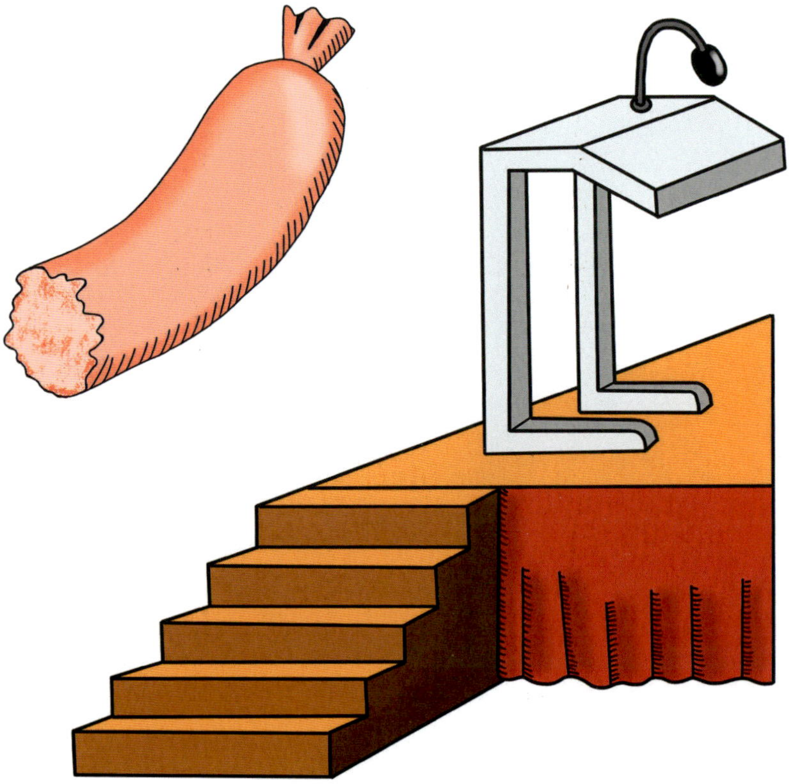

Bild- und Textvorlagen (3/3)

<table>
<tr><td colspan="2">Es geht um die Wurst!</td></tr>
<tr><td>Agathe</td><td>Pudel</td></tr>
<tr><td>Franz</td><td>Terrier</td></tr>
<tr><td>Andi</td><td>Bernhardiner</td></tr>
<tr><td>Helga</td><td>Hektor</td></tr>
<tr><td>Pia</td><td>Benno</td></tr>
<tr><td>Dackel</td><td>Waldi</td></tr>
<tr><td>Schäferhund</td><td>Paula</td></tr>
<tr><td></td><td>Pfötchen</td></tr>
</table>

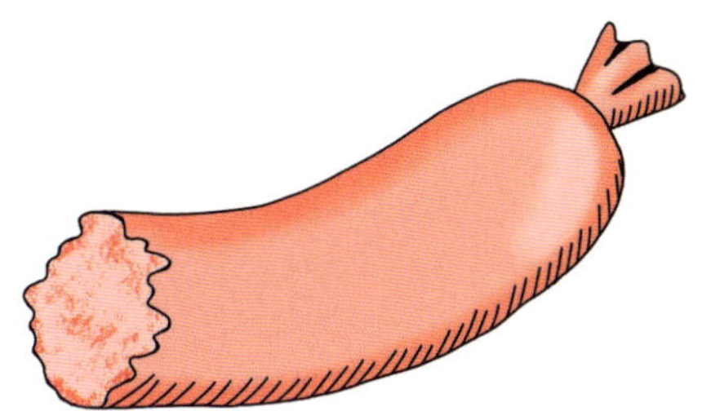

Das Auge des Drachen

Dauer:
zwei Unterrichtsstunden

Lösung des Falls:
Täter*in: Eine junge Frau mit Mütze. Sie hat den echten Diamanten durch einen künstlichen aus dem Andenkenladen ausgetauscht und wollte ihn in der Tüte mitnehmen.
Beweise im Text: Die Täterin hat keine Fingerabdrücke auf der Vitrine hinterlassen, da sie Handschuhe trug. Zudem hatte sie einen Diamanten in ihrer Einkaufstüte.

Zusätzliche Materialien / Impulse:
Für den Einstieg: vergrößertes Bild der Burg Drachenstein
„Foto" des Tatorts ohne Diamant ausreichend vergrößert und Bild des Diamanten in passender Größe (S. 70)
Differenzierung am Ende: zwei Paar Handschuhe, vergrößerte Kopien der Einkäufe (S. 70/71)
Da es hier zwei Tüftel-Tipps gibt, sollten Sie diese auf der Rückseite nummerieren.

Ideen für den Unterrichtsverlauf

(Für die mit ❂ gekennzeichneten Begriffe finden Sie im Vorwort Hinweise und Erläuterungen.)
Einstieg ❂ mit großer Detektivversammlung ❂ und Anschreiben der Überschrift. Sie bringen das Bild der Burg Drachenstein an der Tafel an. Die Kinder äußern sich und stellen Vermutungen an. Von nun an werden **je eine Textseite** mit einer Lesetechnik ❂ erlesen und die **dazugehörigen Aufgaben** bearbeitet. Das Erlesene wird dann **nachbesprochen** und im **Tafelbild dargestellt**.

Ideen und besondere Hinweise zu den einzelnen Textteilen:

Hinweis vorab: Die hier vorgeschlagenen Ideen sind für die analoge Tafel im Klassenraum gedacht. Nutzen Sie hierfür entweder die Wort- und Bildkarten aus diesem Buch oder ausgedruckt aus dem Download. Alternativ können Sie die Ideen, entsprechend abgewandelt, auch mit den Wort- und Bildkarten aus dem Download (JPG-und PNG-Dateien) auf Ihrer digitalen Tafel umsetzen (siehe dazu Hinweis auf S. 8).

Seite 1:
Nach dem (Vor-)Lesen der ersten Seite bearbeiten die Schüler*innen die Aufgabe.

Seiten 2 und 3:
Die Bildkarten der Personen, die an der Führung teilnehmen, werden an der Tafel angebracht.
Differenzierung: Bearbeiten Sie die Aufgabe mit schwachen Leser*innen gemeinsam (mit Bildkarten).

Seite 4:
Sie heften das „Foto" des Tatorts ohne Diamant an die Tafel. Starke Leser*innen erläutern ihre Leseaufgabe, indem sie das Bild des Diamanten an die entsprechende Stelle im Foto heften. Die Strukturkarten „verdächtig" und „unschuldig" werden an der Tafel angebracht. Theo Tüftel und sein Neffe Uli werden zur Karte „unschuldig" geheftet.

Seite 5:
Nach der Besprechung der Leseaufgabe wird das junge Ehepaar den unschuldigen Personen zugeordnet. Sie heften die Strukturkarte „Beweis" an und schreiben „keine Fingerabdrücke" dazu. Die Kinder bringen die Bildkarte des Handschuhs an.
Differenzierung: Schnelle Kinder erklären, wo die übrigen Fingerabdrücke auf der Vitrine herkommen könnten.

Seiten 6 und 7:
Die Kinder arbeiten in Tüftelgruppen ❂ und treffen sich dann in der Detektivversammlung ❂. Bei der Besprechung der Lösung wird der zweite Beweis im Tafelbild ergänzt.
Differenzierung: Starke Kinder rekapitulieren noch einmal den Fall, indem sie das Ausschlussverfahren mit echten Personen nachstellen. Dazu erhalten sie die Namensschilder, die Bildkarten mit den Einkäufen und Handschuhe. An dieser Stelle kann der Ausdruck „einen Täter überführen" besprochen und im Taschenlexikon ❂ eingetragen werden.
Sie lesen das Ende der Geschichte vor. Der Stempel im Detektivausweis ❂ und die Wandgestaltung ❂ runden die Stunde ab.

Tafelbild

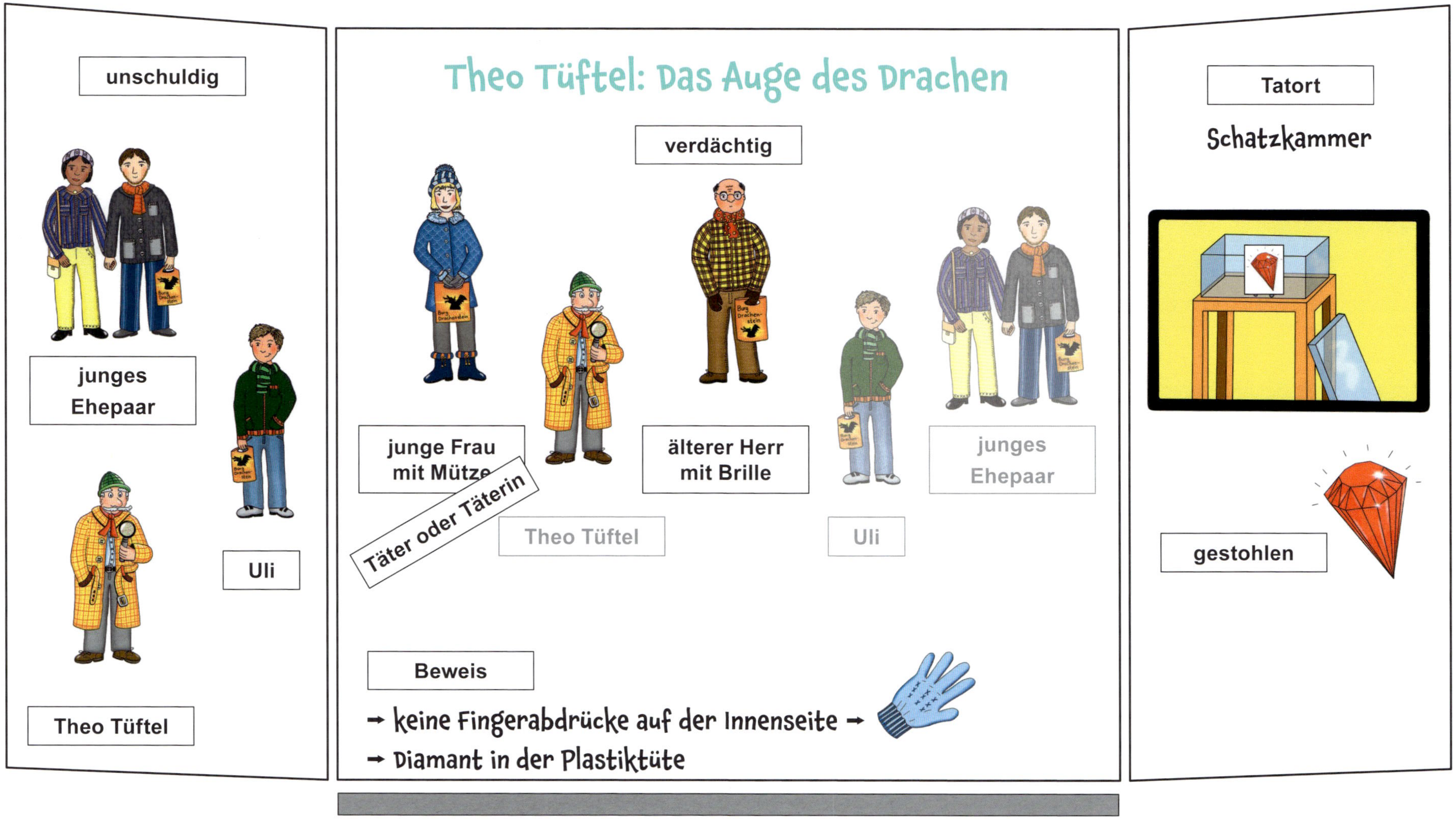

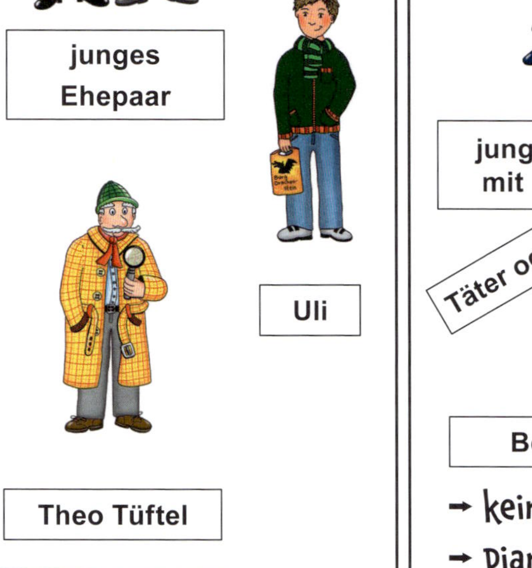

unschuldig
junges Ehepaar
Uli
Theo Tüftel
Theo Tüftel: Das Auge des Drachen
verdächtig
junge Frau mit Mütze
Täter oder Täterin
älterer Herr mit Brille
junges Ehepaar
Theo Tüftel
Uli
Beweis
→ keine Fingerabdrücke auf der Innenseite →
→ Diamant in der Plastiktüte
Tatort
Schatzkammer
gestohlen

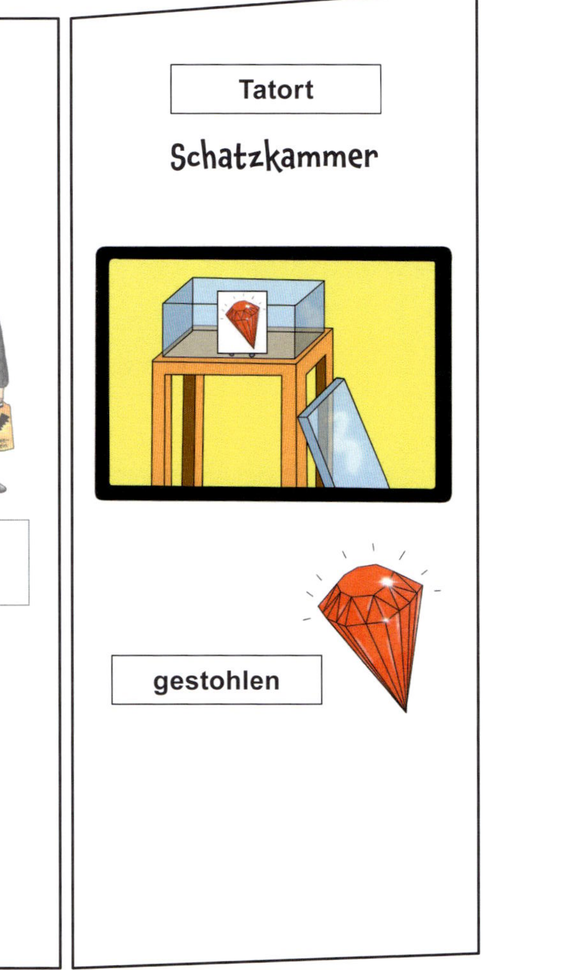

Hinweis: *Die blass gedruckten Grafiken zeigen die erste Position der Bild- und Wortkarten im Tafelbild, die bunt gedruckten stellen die Position am Ende der Unterrichtseinheit dar.*

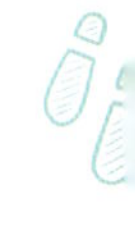

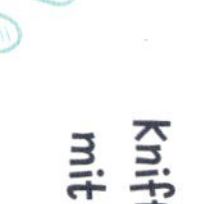

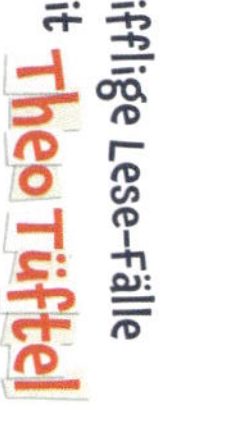

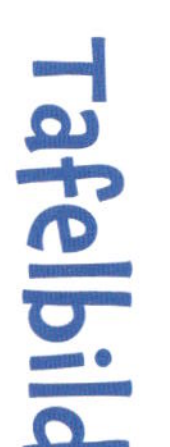

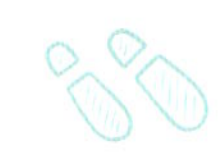

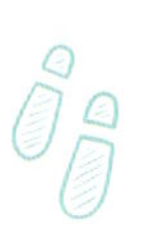

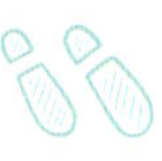

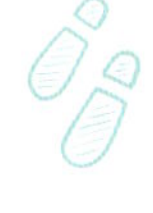

Meisterdetektiv Theo Tüftel:

Das Auge des Drachen

Jedes Jahr im Januar machte Theo Tüftel mit seinem Neffen Uli einen Geburtstagsausflug. Dieses Mal wünschte sich Uli eine Besichtigung der Burg Drachenstein. Als sie auf der Burg ankamen, mussten sie noch einige Minuten bis zum Beginn der Burgführung warten, also schauten sie sich so lange im Andenkenladen um. Hier gab es jede Menge Andenken zu kaufen: Postkarten, Kalender, Geschirr mit Bildern der Burg, kleine Ritterrüstungen aus Plastik, täuschend echt aussehende Diamanten aus Glas, leuchtende Burggespenster, Schlüsselanhänger und vieles mehr. Uli suchte sich einen Schlüsselanhänger aus und konnte gerade noch bezahlen, bevor Frau Kluge, die Burgführerin, im Laden erschien und die Gruppe zur Führung abholte.

Was gab es im Andenkenladen zu kaufen? Unterstreiche gelb.

Schon fertig mit dieser Seite? Dann beginne mit dem Rätsel auf der letzten Seite.

Außer dem Detektiv und seinem Neffen nahmen noch vier weitere Personen an der Führung teil: ein junges Ehepaar, ein älterer Herr mit Brille und eine junge Frau mit Mütze. Nachdem die Gruppe schon einige Räume besichtigt hatte, sperrte Frau Kluge eine kleine Holztür auf und sagte dann geheimnisvoll: „Nun betreten wir das wertvollste Zimmer unserer Burg! Die Schatzkammer!" Überall in den Schränken und Vitrinen des kleinen Raumes glitzerten Schmuckstücke, funkelten Edelsteine und schimmerten silberne Schwerter. „Schau mal, Onkel Theo!", rief Uli begeistert, „der große rote Diamant!" „Oh, wie schön!", rief Theo Tüftel und machte gleich ein Foto von der Glasvitrine mit dem wertvollen Stein. Alle Gäste versammelten sich um den Glaskasten in der Mitte des Raumes und Frau Kluge erklärte: „Dies ist das *Auge des Drachen*, unser wertvollstes Stück. Angeblich handelt es sich dabei um das versteinerte Auge des Drachen von Drachenstein. Aber das ist natürlich nur eine Geschichte!"

Theo Tüftels Handy mit dem Foto der Glasvitrine

Welche Besucher und Besucherinnen nahmen nicht an der Führung teil? Lies genau nach und streiche sie rot durch.

Für Schnelle: Male das Bild auf Seite 2 aus. Achte auf die richtige Farbe des Diamanten.

Frau Kluge sperrte die nächste Tür auf und ging voraus in den Thronsaal. Theo Tüftel und sein Neffe folgten ihr, und nach und nach kamen auch die anderen vier Gäste durch die Tür. Auch hier gab es viel zu entdecken, und alle sahen sich neugierig um. Frau Kluge ging zurück, um die Tür zur Schatzkammer abzuschließen, und schrie plötzlich laut auf: „Hilfe! Hilfe! Das *Auge des Drachen*!" Theo Tüftel lief eilig in die Schatzkammer zurück und sah sich um: Jemand hatte den schweren Glasdeckel der Vitrine heruntergehoben und rechts daneben auf den Boden gestellt. Aber das Seltsamste war: Der rote Diamant war noch da!

„Das ist ja höchst rätselhaft! Ein Dieb, der einen Diamanten liegen lässt?", grübelte der Meisterdetektiv und sagte zu Frau Kluge: „Hier kann irgendetwas nicht stimmen! Wir lassen den Raum lieber von der Spurensicherung überprüfen. Inzwischen verlässt niemand die Burg!"

Dann zückte er sein Handy und fotografierte den Tatort.

Was ist in der Schatzkammer passiert? Unterstreiche.

Wie sieht das Foto vom Tatort aus? Zeichne es fertig.

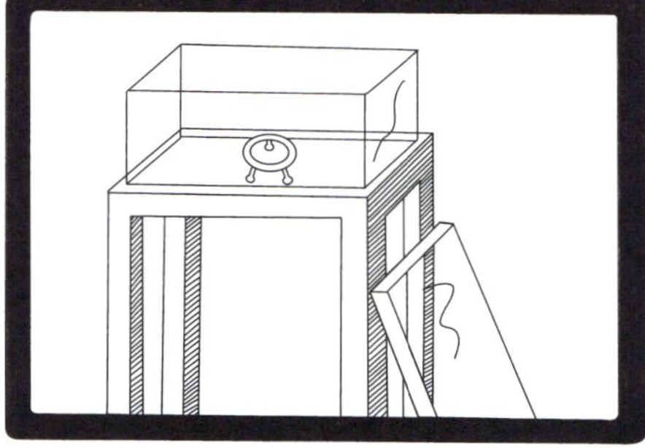

Die Leute von der Spurensicherung untersuchten den ganzen Raum genau und erklärten Theo Tüftel anschließend, was sie herausgefunden hatten: „Wir haben alles auf Fingerabdrücke untersucht. Dabei ist uns etwas Seltsames aufgefallen! Oben und auf den Seiten des Glasdeckels befinden sich sehr viele Fingerabdrücke. Aber auf der Unterseite ist kein einziger Abdruck! Dabei muss der Dieb die schwere Glasplatte beim Herunterheben von allen Seiten angefasst haben!“
„Hm“, überlegte Theo Tüftel, „dann kommen jetzt nur noch zwei Personen infrage!“

Welche Personen meint Theo Tüftel? Sieh dir die Bilder auf Seite 3 genau an, und kreise die Verdächtigen ein.

Woran erkennt Theo Tüftel, dass diese Personen verdächtig sind?
Zeichne den Beweis.

Du darfst den 1. Tüftel-Tipp ansehen, wenn du nicht weiterweißt!

Für Schnelle: Von wem könnten die Fingerabdrücke auf dem Glasdeckel sein?

____

____

„Aber warum hat der Dieb das *Auge des Drachen* nicht mitgenommen?“, fragte Uli seinen Onkel. „Das verstehe ich auch noch nicht“, gab Theo Tüftel zu.
In diesem Moment trat ein Mitarbeiter der Spurensicherung zu Theo Tüftel und erklärte aufgeregt: „In der Vitrine ist gar kein Diamant! Wir haben gerade festgestellt, dass es sich um einen Stein aus Glas handelt, der täuschend echt aussieht! Das richtige *Auge des Drachen* wurde gestohlen!“
Während Frau Kluge beinahe ohnmächtig wurde, ging Theo Tüftel zu den anderen Besuchern der Burg und sagte: „Bitte leeren Sie Ihre Tüten aus dem Andenkenladen aus.“ Die Gäste legten alles aus ihren Plastiktüten auf den Tisch: eine Postkarte, einen Schlüsselanhänger, zwei rote Glasdiamanten, drei leuchtende Burggespenster und die Kassenzettel.
„Hm …“, Theo Tüftel kratzte sich an der Stirn und betrachtete die Gegenstände auf dem Tisch ganz genau. Dann lächelte er und sagte: „Da hatte der Dieb einen sehr schlauen Plan – aber nicht schlau genug!“

Betrachte die Bilder auf der nächsten Seite genau, um den Täter oder die Täterin zu finden.

Täter/Täterin ist: ______________________________.

Das war der Plan: ______________________________

____

Das war in den Taschen der Besucher und Besucherinnen:

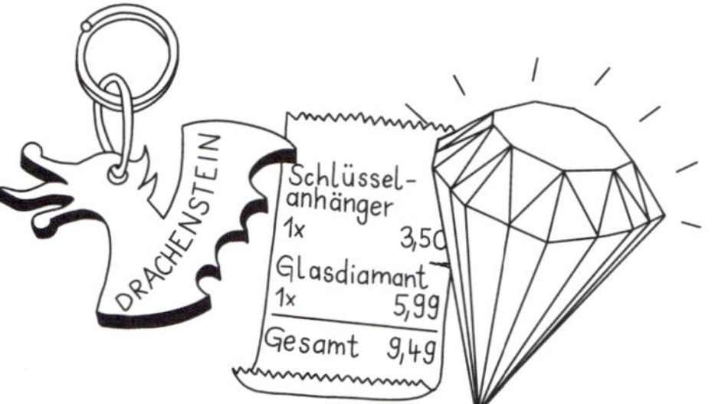

Du darfst den 2.Tüftel-Tipp ansehen, wenn du nicht weiterweißt!

Für Schnelle: Male das Auge des Drachen rot an.

Rätsel für superschnelle Nachwuchsdetektive

1. Das macht Theo Tüftel jedes Jahr mit seinem Neffen.
2. Der Name der Burg lautet _____
3. Uli kauft einen _____anhänger.
4. Darin befindet sich das *Auge des Drachen*.
5. In der Schatzkammer schimmerten silberne _____
6. Die junge Frau trug sie auf ihrem Kopf.
7. So lautet der Name der Burgführerin.
8. Das muss der Dieb oder die Diebin heruntergehoben haben, um an das *Auge des Drachen* zu kommen.
9. Das *Auge des Drachen* ist ein _____
10. Wenn man das Bewusstsein verliert, ist man _____
11. Diese Personen sammeln Spuren am Tatort.
12. Auf der Unterseite des Glasdeckels sind keine _____

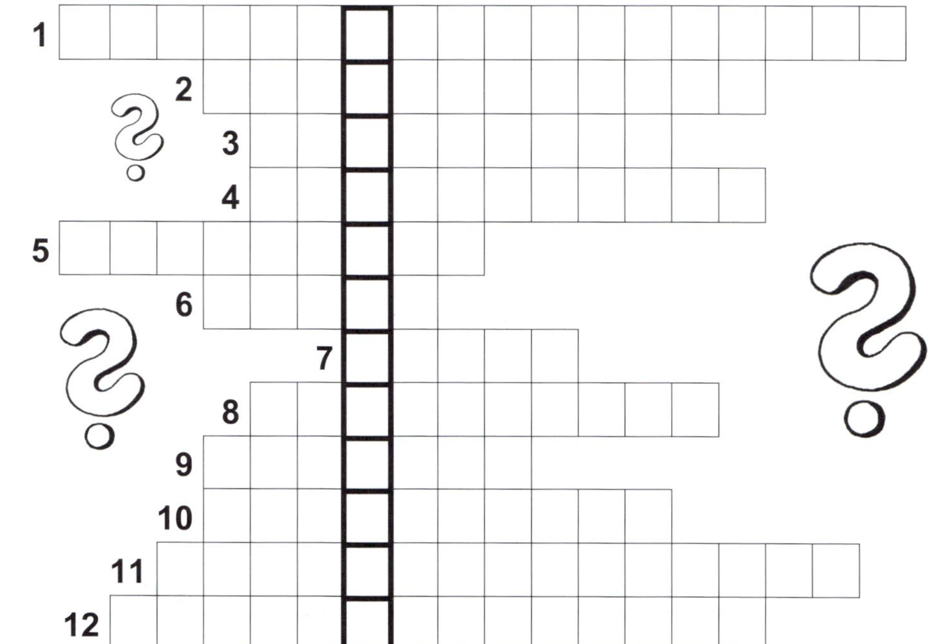

Lösungswort: ______________________

Meisterdetektiv Theo Tüftel:

Das Auge des Drachen

Jedes Jahr im Januar machte Theo Tüftel mit seinem Neffen Uli einen Geburtstagsausflug.
Dieses Mal wünschte sich Uli eine Besichtigung der Burg Drachenstein.
Als sie auf der Burg ankamen, mussten sie noch einige Minuten bis zum Beginn der Burgführung warten, also schauten sie sich so lange im Andenkenladen um. Hier gab es jede Menge Andenken zu kaufen: Postkarten, Kalender, Geschirr mit Bildern der Burg, kleine Ritterrüstungen aus Plastik, täuschend echt aussehende Diamanten aus Glas, leuchtende Burggespenster, Schlüsselanhänger und vieles mehr.
Uli suchte sich einen Schlüsselanhänger aus und konnte gerade noch bezahlen, bevor Frau Kluge, die Burgführerin, im Laden erschien und die Gruppe zur Führung abholte.

Was gab es im Andenkenladen zu kaufen?
Lies im Text nach, und ergänze:

Postkarten, ______________________, *Geschirr,*

Ritterrüstungen, ____________________ *aus Glas,*

Burggespenster, __________________________.

Schon fertig mit dieser Seite?
Dann beginne mit dem Rätsel auf der letzten Seite.

Außer dem Detektiv und seinem Neffen nahmen noch vier weitere Personen an der Führung teil: ein junges Ehepaar, ein älterer Herr mit Brille und eine junge Frau mit Mütze.
Nachdem die Gruppe schon einige Räume besichtigt hatte, sperrte Frau Kluge eine kleine Holztür auf und sagte dann geheimnisvoll: „Nun betreten wir das wertvollste Zimmer unserer Burg! Die Schatzkammer!“ Überall in den Schränken und Vitrinen des kleinen Raumes glitzerten Schmuckstücke, funkelten Edelsteine und schimmerten silberne Schwerter. „Schau mal, Onkel Theo!“, rief Uli begeistert, „der große rote Diamant!“ „Oh, wie schön!“, rief Theo Tüftel und machte gleich ein Foto von der Glasvitrine mit dem wertvollen Stein. Alle Gäste versammelten sich um den Glaskasten in der Mitte des Raumes, und Frau Kluge erklärte: „Dies ist das *Auge des Drachen*, unser wertvollstes Stück. Angeblich handelt es sich dabei um das versteinerte Auge des Drachen von Drachenstein. Aber das ist natürlich nur eine Geschichte!“

Theo Tüftels Handy mit dem Foto der Glasvitrine

Welche zwei Besucher oder Besucherinnen nahmen nicht an der Führung teil? Lies genau nach und streiche sie rot durch.

älterer Herr mit Stock

Uli

junges Ehepaar

junge Frau mit Mütze

ältere Frau mit Hut

älterer Herr mit Brille

Theo Tüftel

Für Schnelle: Male das Bild auf Seite 2 aus. Achte auf die richtige Farbe des Diamanten.

Frau Kluge sperrte die nächste Tür auf und ging voraus in den Thronsaal. Theo Tüftel und sein Neffe folgten ihr, und nach und nach kamen auch die anderen vier Gäste durch die Tür. Auch hier gab es viel zu entdecken, und alle sahen sich neugierig um. Frau Kluge ging zurück, um die Tür zur Schatzkammer abzuschließen, und schrie plötzlich laut auf: „Hilfe! Hilfe! Das *Auge des Drachen*!“ Theo Tüftel lief eilig in die Schatzkammer zurück und sah sich um: Jemand hatte den schweren Glasdeckel der Vitrine heruntergehoben und rechts daneben auf den Boden gestellt. Aber das Seltsamste war: Der rote Diamant war noch da!

„Das ist ja höchst rätselhaft! Ein Dieb, der einen Diamanten liegen lässt?“, grübelte der Meisterdetektiv und sagte zu Frau Kluge: „Hier kann irgendetwas nicht stimmen!
Wir lassen den Raum lieber von der Spurensicherung überprüfen. Inzwischen verlässt niemand die Burg!“
Dann zückte er sein Handy und fotografierte den Tatort.

Was sah Theo Tüftel in der Schatzkammer? Kreuze an.

- ❒ *Der Deckel war zu, und der Diamant war weg.*
- ❒ *Der Deckel war offen, und der Diamant war weg.*
- ❒ *Der Deckel war offen, und der Diamant war noch da.*

Die Leute von der Spurensicherung untersuchten den ganzen Raum genau und erklärten Theo Tüftel anschließend, was sie herausgefunden hatten: „Wir haben alles auf Fingerabdrücke untersucht. Dabei ist uns etwas Seltsames aufgefallen! Oben und auf den Seiten des Glasdeckels befinden sich sehr viele Fingerabdrücke. Aber auf der Unterseite ist kein einziger Abdruck! Dabei muss der Dieb die schwere Glasplatte beim Herunterheben von allen Seiten angefasst haben!“

„Hm“, überlegte Theo Tüftel, „dann kommen jetzt nur noch zwei Personen infrage!“

Welche zwei Personen können die Vitrine geöffnet haben, ohne Fingerabdrücke zu hinterlassen? Sieh dir die Bilder auf Seite 3 genau an, und kreise die zwei Verdächtigen ein.

Du darfst den 1. Tüftel-Tipp ansehen, wenn du nicht weiterweißt!

Wieso sind diese Personen verdächtig? Zeichne den Beweis für deine Vermutung.

„Aber warum hat der Dieb das *Auge des Drachen* nicht mitgenommen?“, fragte Uli seinen Onkel. „Das verstehe ich auch noch nicht“, gab Theo Tüftel zu.

In diesem Moment trat ein Mitarbeiter der Spurensicherung zu Theo Tüftel und erklärte aufgeregt: „In der Vitrine ist gar kein Diamant! Wir haben gerade festgestellt, dass es sich um einen Stein aus Glas handelt, der täuschend echt aussieht! Das richtige *Auge des Drachen* wurde gestohlen!“ Während Frau Kluge beinahe ohnmächtig wurde, ging Theo Tüftel zu den anderen Besuchern der Burg und sagte: „Bitte leeren Sie Ihre Tüten aus dem Andenkenladen aus.“ Die Gäste legten alles aus ihren Plastiktüten auf den Tisch: eine Postkarte, einen Schlüsselanhänger, zwei rote Glasdiamanten, drei leuchtende Burggespenster und die Kassenzettel.

„Hm ...“, Theo Tüftel kratzte sich an der Stirn und betrachtete die Gegenstände auf dem Tisch ganz genau. Dann lächelte er und sagte: „Da hatte der Dieb einen sehr schlauen Plan – aber nicht schlau genug!“

Welchen Plan hatte der Dieb? Kreuze an.

- ❐ *Er wollte nachts in die Burg einbrechen, um das* Auge des Drachen *zu stehlen.*
- ❐ *Er hat das* Auge des Drachen *gegen einen Glasstein ausgetauscht, um es zu stehlen.*
- ❐ *Er wollte später zurückkommen, um das* Auge des Drachen *zu holen.*

Betrachte die Bilder auf der nächsten Seite genau, um den Täter oder die Täterin zu finden.

Das war in den Taschen der Besucher und Besucherinnen:

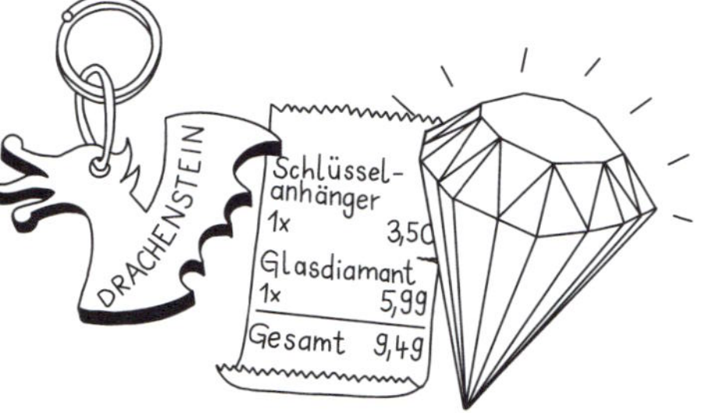

Täter/Täterin ist ______________________________

Du darfst den 2. Tüftel-Tipp ansehen, wenn du nicht weiterweißt!

Für Schnelle: Male das Auge des Drachen rot an.

Rätsel für superschnelle Nachwuchsdetektive

1. Das macht Theo Tüftel jedes Jahr mit seinem Neffen.
2. Der Name der Burg lautet _____.
3. Uli kauft einen _____anhänger.
4. Darin befindet sich das *Auge des Drachen*.
5. In der Schatzkammer schimmerten silberne _____.
6. Die junge Frau trug sie auf ihrem Kopf.
7. So lautet der Name der Burgführerin.
8. Das muss der Dieb oder die Diebin heruntergehoben haben, um an das *Auge des Drachen* zu kommen.
9. Das *Auge des Drachen* ist ein _____
10. Wenn man das Bewusstsein verliert, ist man _____
11. Diese Personen sammeln Spuren am Tatort.
12. Auf der Unterseite des Glasdeckels sind keine _____

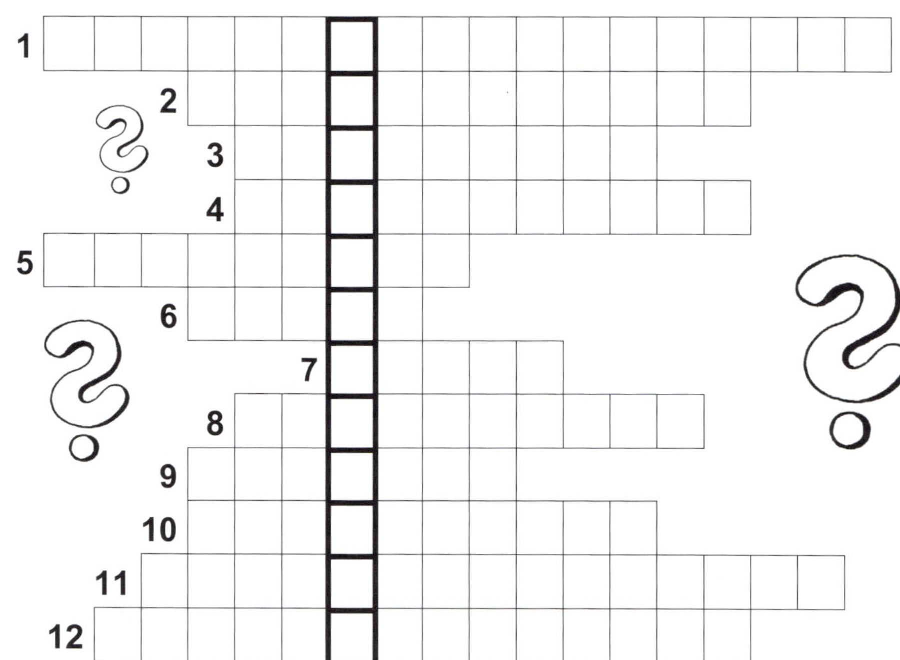

Lösungswort: ______________________________

Vorlesetext zur Auflösung/Tüftel-Tipp 1

„Sie können Ihre Einkäufe wieder einpacken", sagte Theo Tüftel zu dem jungen Ehepaar. Uli, der genau aufgepasst hatte, flüsterte seinem Onkel zu: „Der Dieb oder die Diebin muss nämlich Handschuhe getragen haben, stimmt's, Onkel Theo?" „Genau!", stimmte dieser zu. „Sonst hätte er oder sie Fingerabdrücke hinterlassen. Es wurden auf der Unterseite des Glasdeckels aber keine gefunden."
„Können wir unsere Einkäufe nun auch wieder einpacken?", fragte die junge Dame genervt und begann eilig, ihre Sachen in die Tüte zu stopfen. Schnell schnappte sich Theo Tüftel den roten Diamanten, der noch auf dem Tisch lag. „Ihre Einkäufe dürfen Sie gerne mitnehmen, aber dieser Diamant bleibt schön hier in der Burg!" „Diesen Stein habe ich im Andenkenladen gekauft! Das sehen Sie doch auf dem Kassenzettel!", rief die junge Frau empört. „Ja, Ihr Plan war wirklich gut, das muss ich zugeben!", erwiderte der Detektiv ruhig. „Sie blieben als Letzte in der Schatzkammer zurück und haben den echten Diamanten gegen Ihren Glasstein ausgetauscht. Zum Glück konnten Sie den schweren Glasdeckel nicht mehr auf die Vitrine heben, sonst wäre der Diebstahl niemandem aufgefallen. Dann wären Sie mit dem *Auge des Drachen* in Ihrer Tüte einfach zur Tür hinausspaziert!"
Dass Theo Tüftel Recht hatte, stellte sich schnell heraus, als der Stein untersucht wurde: Es handelte sich tatsächlich um das *Auge des Drachen* und Frau Kluge ließ ihn sofort zurück in die Vitrine bringen, die dann eine Alarmanlage bekam. Zum Dank für ihre Hilfe erhielten Theo Tüftel und Uli lebenslang freien Eintritt zur Burg. „Jetzt können wir jedes Jahr zu deinem Geburtstag hierher kommen!", sagte Theo Tüftel zu seinem Neffen, als sie die Burg verließen. Aber Uli schüttelte den Kopf und lachte: „Nächstes Jahr gehen wir lieber in den Zoo. Wer weiß, vielleicht stiehlt dann jemand einen Elefanten!"

Tüftel-Tipp 2/Bild- und Textvorlagen (1/3)

Mein Tüftel-Tipp 2 für dich:

Einer der beiden Diamanten auf dem Tisch ist der echte!
Was hat der Täter oder die Täterin mit dem gekauften Glasstein gemacht?

Bild- und Textvorlagen (2/3)

Bild- und Textvorlagen (3/3)

Das Auge des Drachen

junge Frau mit Mütze

älterer Herr mit Brille

junges Ehepaar

Uli

Theo Tüftel

Eine leichte Beute

Dauer:
zwei Unterrichtsstunden

Lösung des Falls:
Täter*in/Tathergang: Herr Flügge. Seit der Tat verließ niemand das Haus, dennoch waren die Geldscheine nicht zu finden. Herr Flügge hat sie mit den Tauben zu sich nach Hause geschickt.
Beweis im Text: Lisa ließ nur sieben Tauben fliegen, obwohl auf Seite 2 steht, dass sich ursprünglich zehn Tauben im Käfig befanden.

Zusätzliche Materialien / Impulse:
Für den Einstieg: Kommunionskarte oder -kerze, Foto eines Kommunionkindes o. Ä.
Für die Tafel: vergrößerter Lageplan (2 DIN-A3-Blätter), Kopien der Köpfe (s. S. 85)

Ideen für den Unterrichtsverlauf

(Für die mit ❂ gekennzeichneten Begriffe finden Sie im Vorwort Hinweise und Erläuterungen.)
Einstieg ❂ mit großer Detektivversammlung ❂ und Anschreiben der Überschrift. Eventuell zeigen Sie einen zur Kommunion passenden Gegenstand oder heften die Bildkarte von Lisa an. Die Kinder stellen Vermutungen zum Fall an. Klären Sie, ob der Begriff „Kommunionfeier" geläufig ist; erläutern Sie ihn ggf.
Von nun an werden **je eine Textseite** mit einer Lesetechnik ❂ erlesen und die **dazugehörigen Aufgaben** bearbeitet. Das Erlesene wird dann **nachbesprochen** und im **Tafelbild dargestellt**.

Ideen und besondere Hinweise zu den einzelnen Textteilen:

Hinweis vorab: Die hier vorgeschlagenen Ideen sind für die analoge Tafel im Klassenraum gedacht. Nutzen Sie hierfür entweder die Wort- und Bildkarten aus diesem Buch oder ausgedruckt aus dem Download. Alternativ können Sie die Ideen, entsprechend abgewandelt, auch mit den Wort- und Bildkarten aus dem Download (JPG-und PNG-Dateien) auf Ihrer digitalen Tafel umsetzen (siehe dazu Hinweis auf S. 8).

Seite 1:
Besonders motivierend ist es, wenn die erste Textseite vorgelesen wird. Die Kinder äußern sich anschließend zum Gehörten und beantworten die Fragen auf ihrem Platz.

Seiten 2 und 3:
Alle Personen werden an der Tafel gesammelt.
Differenzierung: Sie bearbeiten die Aufgabe mit den schwächsten Kindern mithilfe der Bild- und Wortkarten, die sie dann an die Tafel heften dürfen.

Seiten 4 und 5:
Der vergrößerte Lageplan wird an die Tafel geheftet und sein Aufbau besprochen.
Differenzierung: Wer mit der Leseaufgabe schnell fertig ist, heftet die Köpfe an die richtige Stelle im Plan (evtl. mit der Rückseite nach vorn, um es spannend zu halten). Die Aufgabe wird gemeinsam besprochen und im Lageplan nachvollzogen.
Differenzierung: Starke Schüler*innen lesen die entsprechenden Textbelege vor.

Seite 7:
Differenzierung: Die zweite Aufgabe besprechen Sie mit den schwächsten Leser*innen am großen Lageplan, bevor diese im Textheft arbeiten.
Heften Sie die Wortkarte „gestohlen" und die Bildkarte „Geldscheine" an der Tafel an. Die Wortkarten „Opfer", „unschuldig" und „verdächtig" werden angebracht und die Personen zugeordnet.
Differenzierung: Starke Leser*innen stellen die Lösung ihrer Zusatzaufgabe vor: Es wurden nur Scheine gestohlen.

Seite 8:
Die Kinder bearbeiten die letzte Seite in den Tüftelgruppen ❂ und treffen sich anschließend in der Detektivversammlung ❂. Die Lösung des Falls wird gemeinsam besprochen und der Beweis im Tafelbild festgehalten. An dieser Stelle kann auch der zweideutige Titel besprochen werden. Sie lesen das Ende der Geschichte vor. Der Stempel im Detektivausweis ❂ und die Wandgestaltung ❂ runden die Stunde ab.

Tafelbild

unschuldig

Theo Tüftels Mutter

Pfarrer

Lisas Mutter

Frau Blitz

Theo Tüftel

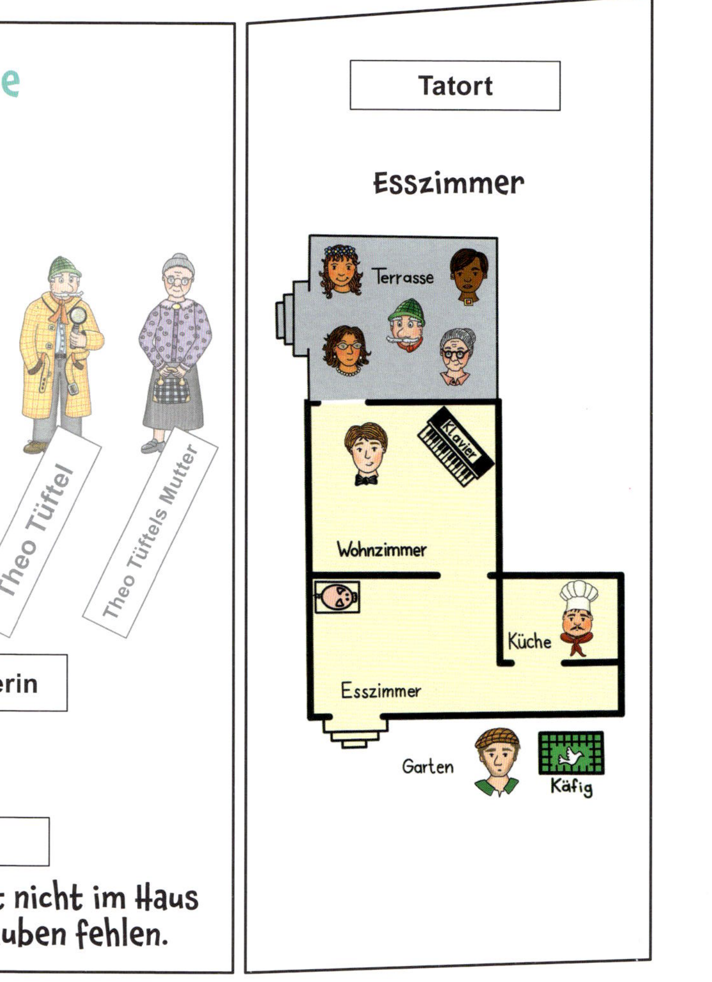

Hinweis: *Die blass gedruckten Grafiken zeigen die erste Position der Bild- und Wortkarten im Tafelbild, die bunt gedruckten stellen die Position am Ende der Unterrichtseinheit dar.*

Meisterdetektiv Theo Tüftel:

Eine leichte Beute

„Was für eine schöne Feier!“ Theo Tüftels Mutter strahlte über das ganze Gesicht, als sie sich an einen der mit Blumen geschmückten Tische setzte. Theo Tüftels Nichte Lisa feierte heute ihre Kommunion und so versammelten sich die ganze Familie und der Pfarrer nach dem Gottesdienst im Haus von Lisas Mutter zum Mittagessen. Lisas Mutter ließ sich die Feier einiges kosten: Das Sechs-Gänge-Menü wurde von Herrn Löffel, einem Sterne-Koch, zubereitet. Frau Blitz, eine Fotografin, knipste ein Bild nach dem anderen, und Herr Moll, ein junger Pianist, spielte während der gesamten Feier klassische Musik am Klavier im Wohnzimmer.

Lisa hatte sich zur Kommunion keine Geschenke, sondern Geld für ein neues Fahrrad gewünscht. Und so steckte Theo Tüftel einige Geldscheine in ein großes rosa Sparschwein, das in der Ecke des Esszimmers auf einem Tisch stand.

Was wünscht sich Lisa zur Kommunion? Unterstreiche im Text, und gib die Zeilen an.

Zeilen: ____________________

Schon fertig mit der Seite? Dann hole dir ein Rätsel zur Geschichte.

„Ich geh noch kurz an die frische Luft“, meinte Theo Tüftel anschließend zu seiner Mutter und stieg die drei Stufen hinunter, die direkt vom Esszimmer in den Garten führten. Dort hielt er seine Nase in die Sonne und blinzelte, als er einen großen Käfig entdeckte, der an der Hausecke auf dem Boden stand. Daneben hockte ein älterer Herr im Gras und fütterte zehn schneeweiße Tauben durch die Gitterstäbe.

„Theo, komm schnell, sonst verpasst du deine Suppe!", hörte der Detektiv plötzlich seine Mutter rufen, und er beeilte sich, zurück ins Esszimmer zu kommen.

Wer sind die Personen in der Geschichte? Ordne die Namen den Bildern auf Seite 2 und 3 richtig zu.

Lisa, Lisas Mutter, Theo Tüftel, Theo Tüftels Mutter, Pfarrer, Herr Moll, Herr Löffel, älterer Herr, Frau Blitz

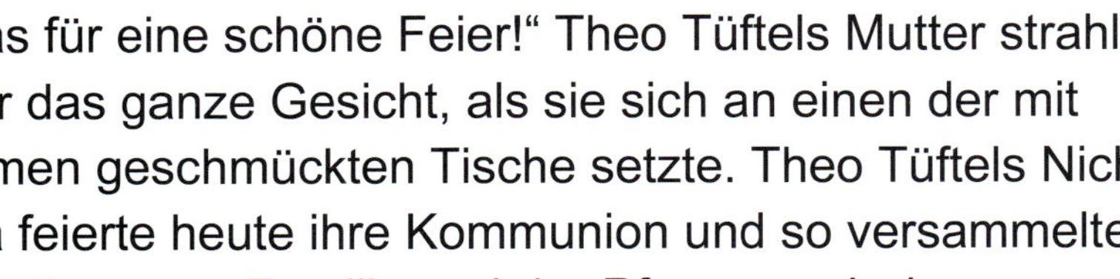

____________________ ____________________ ____________________

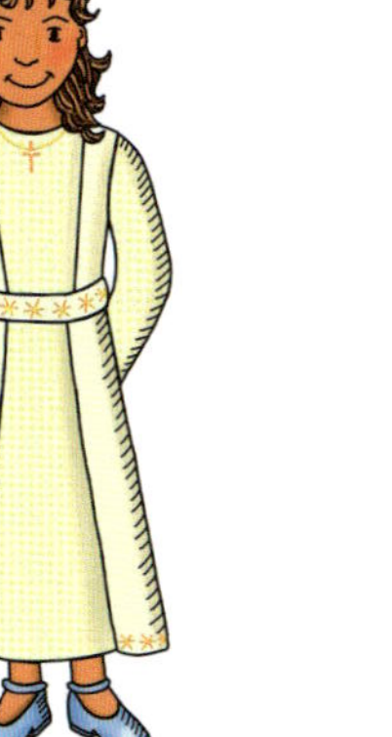

Theo Tüftel aß alle sechs Gänge bis auf den letzten Krümel auf und holte sich sogar noch einen zweiten Nachtisch. Als alle Gäste mit dem Essen fertig waren, verabschiedete sich der Pfarrer von der Familie und verließ die Feier. Während Herr Löffel in der Küche die Kuchenplatten vorbereitete und Herr Moll am Klavier seine Noten ordnete, versammelte sich Lisas Familie zum Familienfoto auf der Terrasse. „Kommen Sie, Herr Tüftel! Sie müssen doch auch mit auf das Bild!“, rief die Fotografin dem Meisterdetektiv zu, der am Tisch sitzen geblieben war, weil er sich kaum noch bewegen konnte. Theo Tüftel stand seufzend von seinem Stuhl auf und folgte Frau Blitz durch das Wohnzimmer auf die Terrasse. Es dauerte fast eine halbe Stunde, bis die Fotografin mit dem Familienfoto zufrieden war, und alle waren froh, als sie endlich ihre Kamera sinken ließ.

**Welche Person ist nicht mehr auf der Feier?
Streiche das Bild unten durch.**

**Wo sind die Personen jetzt?
Schneide die Bilder unten aus und klebe sie im Lageplan auf Seite 5 an die richtige Stelle.**

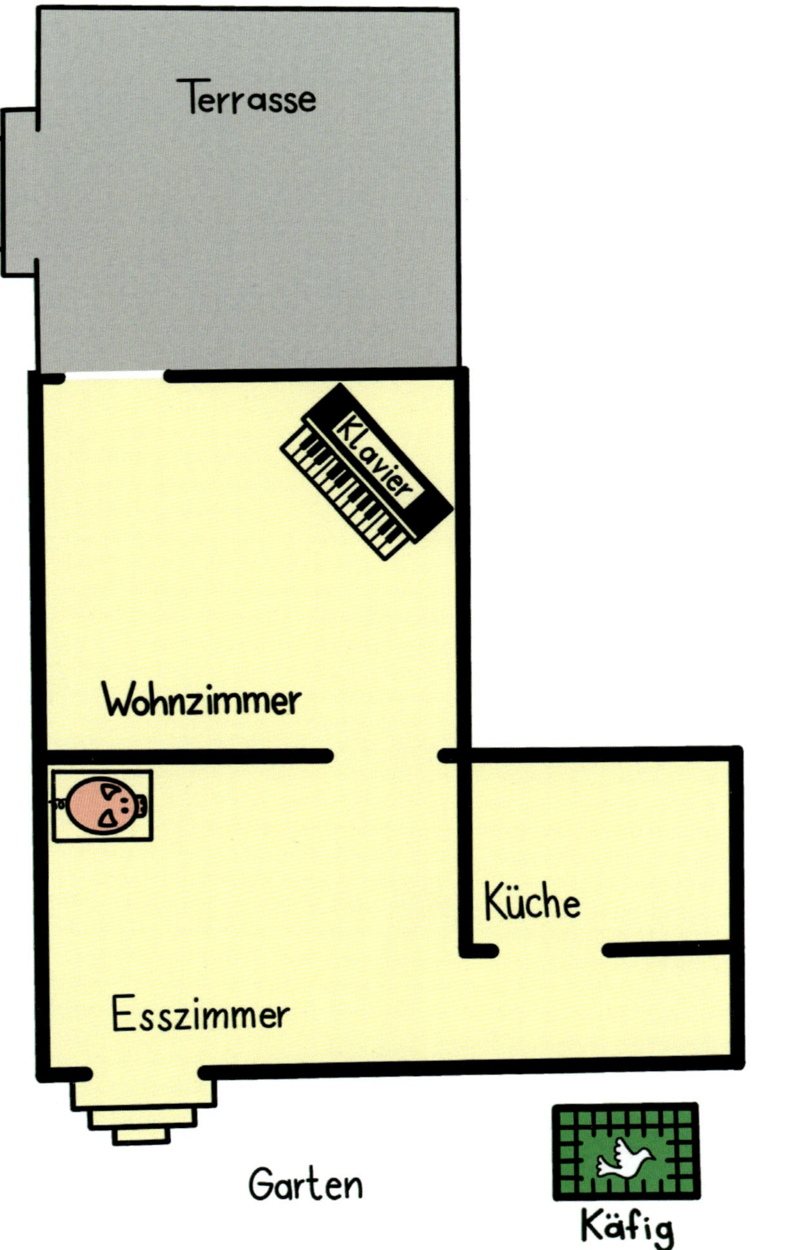

„Jetzt gibt es noch eine Überraschung für Lisa!“, rief Lisas Mutter und ging um das Haus herum in den Garten. Die Gäste folgten ihr und blieben vor dem Taubenkäfig stehen. „Liebe Lisa“, sagte Lisas Mutter fröhlich und stellte sich neben den älteren Herrn. „Das ist Herr Flügge, ein Taubenzüchter. Da Tauben deine Lieblingstiere sind, darfst du diese weißen Tauben jetzt fliegen lassen!“ Die Gäste klatschten begeistert, und Lisa strahlte. Dann holte Herr Flügge einen schneeweißen Vogel nach dem anderen aus dem Käfig und Lisa ließ sie nacheinander in den Himmel steigen. „Das sind aber sehr schöne Tiere, Herr Flügge!“, sagte Theo Tüftel bewundernd, als der Taubenzüchter den siebten Vogel in der Hand hielt. „Aber wie fangen Sie die Tauben denn wieder ein?“ Da lachte der Taubenzüchter und erklärte: „Das sind doch Brieftauben! Die finden von ganz allein zu mir nach Hause zurück!“ Als alle sieben Tauben weggeflogen waren, kehrten die Gäste zurück ins Esszimmer, wo es nun Kaffee und Kuchen geben sollte.

Hier stimmt etwas nicht! Unterstreiche den Fehler, und schreibe die richtigen Wörter darunter.

Lisa lässt sechs Tauben in den Himmel fliegen.

____

Brieftauben finden immer den Weg zum Meer.

____

Auf der Terrasse soll es nun Kaffee und Kuchen geben.

____

Plötzlich schreckte ein Schrei alle auf: „Mein Sparschwein! Jemand hat mein Sparschwein geöffnet!“ Lisa stand vor dem Tisch in der Ecke des Raumes und starrte auf das rosa Tier. Tatsächlich: Der Stöpsel am Bauch des Schweins war offen, und kein einziger Geldschein war übrig. Ringsherum lagen Münzen auf dem Tisch und auf dem Boden. Theo Tüftel betrachtete sie. „Das ist ja seltsam …“, murmelte er und kratzte sich an der Stirn. Lisa versicherte ihm, dass das Schwein noch voll gewesen war, als sie das Esszimmer für die Fotos verlassen hatten. „Na, dann wissen wir ja, wann der Dieb oder die Diebin zugeschlagen hat“, stellte der Detektiv fest. Er ließ sich von allen berichten, wo sie zur Tatzeit gewesen waren. Dann überlegte er: „Der Dieb oder die Diebin muss in der Nähe des Esszimmers gewesen sein. Also kommen nur drei Personen infrage!“

Kreuze die richtige Aussage an.

Der Dieb/die Diebin hat zugeschlagen, als …

❒ *… der Nachtisch serviert wurde.*

❒ *… die Gäste Kaffee getrunken haben.*

❒ *… das Familienfoto gemacht wurde.*

Welche Personen können heimlich ins Esszimmer gegangen sein? Sieh auf dem Lageplan nach (Seite 5). Schreibe die Namen der Verdächtigen auf.

____

____

Für ganz Schnelle: Was fällt Theo Tüftel am Tatort auf? Unterstreiche im Text.

„Ich werde das Geld schon finden“, tröstete Theo Tüftel Lisa. „Der Täter muss das Geld versteckt haben, schließlich hat nach dem Familienfoto niemand mehr die Feier verlassen!“ Der Detektiv durchsuchte die verdächtigen Personen genau und nahm sich dann das Haus vor: Er öffnete alle Küchenschränke, sah in jeden Kochtopf, leerte die Blumenvasen auf den Tischen aus und schaute in der Speisekammer in jede Nudelpackung. Anschließend machte er im Garten weiter, kroch unter die Büsche, wühlte sich durch das Heu im Taubenstall und drehte jedes einzelne Blatt auf dem Rasen um. Schließlich kehrte er völlig verschwitzt ins Esszimmer zurück, ließ sich erschöpft auf einen Stuhl fallen und murmelte ratlos: „Ich verstehe das nicht! Das Geld ist verschwunden!“ Auch Theo Tüftels Mutter schüttelte den Kopf: „Es kann sich doch nicht in Luft aufgelöst haben!“

Da hellte sich die Miene des Meisterdetektivs auf, und er strahlte seine Mutter an. „Doch, das kann es! Ich wusste doch, dass der Dieb ein schräger Vogel ist! Mir hätte gleich etwas auffallen müssen!“, rief er schmunzelnd und zog sein Handy aus der Tasche, um die Polizei anzurufen.

Wer ist der Dieb und wie hat er das Geld verschwinden lassen?

Du darfst den Tüftel-Tipp ansehen, wenn du nicht weiterweißt!

Täter/Täterin ist __________________________.

So hat er/sie das Geld verschwinden lassen: ____________

Meisterdetektiv Theo Tüftel:

Eine leichte Beute

„Was für eine schöne Feier!" Theo Tüftels Mutter strahlte über das ganze Gesicht, als sie sich an einen der mit Blumen geschmückten Tische setzte. Theo Tüftels Nichte Lisa feierte heute ihre Kommunion und so versammelten sich die ganze Familie und der Pfarrer nach dem Gottesdienst im Haus von Lisas Mutter zum Mittagessen. Lisas Mutter ließ sich die Feier einiges kosten: Das Sechs-Gänge-Menü wurde von Herrn Löffel, einem Sterne-Koch, zubereitet. Frau Blitz, eine Fotografin, knipste ein Bild nach dem anderen, und Herr Moll, ein junger Pianist, spielte während der gesamten Feier klassische Musik am Klavier im Wohnzimmer.

Lisa hatte sich zur Kommunion keine Geschenke, sondern Geld für ein neues Fahrrad gewünscht. Und so steckte Theo Tüftel einige Geldscheine in ein großes rosa Sparschwein, das in der Ecke des Esszimmers auf einem Tisch stand.

Was wünscht sich Lisa zur Kommunion?
Kreuze an:

- ❒ *Sie wünscht sich ein Einrad.*
- ❒ *Sie wünscht sich Geld für ein rosa Sparschwein.*
- ❒ *Sie wünscht sich Geld für ein neues Fahrrad.*

Schon fertig mit der Seite?
Dann hole dir ein Rätsel zur Geschichte.

„Ich geh noch kurz an die frische Luft", meinte Theo Tüftel anschließend zu seiner Mutter und stieg die drei Stufen hinunter, die direkt vom Esszimmer in den Garten führten. Dort hielt er seine Nase in die Sonne und blinzelte, als er einen großen Käfig entdeckte, der an der Hausecke auf dem Boden stand. Daneben hockte ein älterer Herr im Gras und fütterte zehn schneeweiße Tauben durch die Gitterstäbe.

„Theo, komm schnell, sonst verpasst du deine Suppe!", hörte der Detektiv plötzlich seine Mutter rufen, und er beeilte sich, zurück ins Esszimmer zu kommen.

Wer sind die Personen in der Geschichte?
Suche die Namen auf Seite 1 und 2.
Verbinde die Namen und die Personen auf Seite 2 und 3 richtig.

Theo Tüftel | *Mutter von Theo Tüftel* | *Herr Löffel*

Theo Tüftel aß alle sechs Gänge bis auf den letzten Krümel auf und holte sich sogar noch einen zweiten Nachtisch. Als alle Gäste mit dem Essen fertig waren, <u>verabschiedete sich der Pfarrer von der Familie und verließ die Feier</u>. Während <u>Herr Löffel in der Küche</u> die Kuchenplatten vorbereitete und <u>Herr Moll am Klavier</u> seine Noten ordnete, versammelte sich <u>Lisas Familie zum Familienfoto auf der Terrasse</u>. „Kommen Sie, Herr Tüftel! Sie müssen doch auch mit auf das Bild!“, rief die Fotografin dem Meisterdetektiv zu, der am Tisch sitzen geblieben war, weil er sich kaum noch bewegen konnte. <u>Theo Tüftel stand seufzend von seinem Stuhl auf und folgte Frau Blitz durch das Wohnzimmer auf die Terrasse.</u> Es dauerte fast eine halbe Stunde, bis die Fotografin mit dem Familienfoto zufrieden war, und alle waren froh, als sie endlich ihre Kamera sinken ließ.

Welche Person ist nicht mehr auf der Feier? Streiche das Bild unten durch.

Wo sind die Personen jetzt? Schneide die Bilder unten aus, und klebe sie im Lageplan auf Seite 5 an die richtige Stelle.

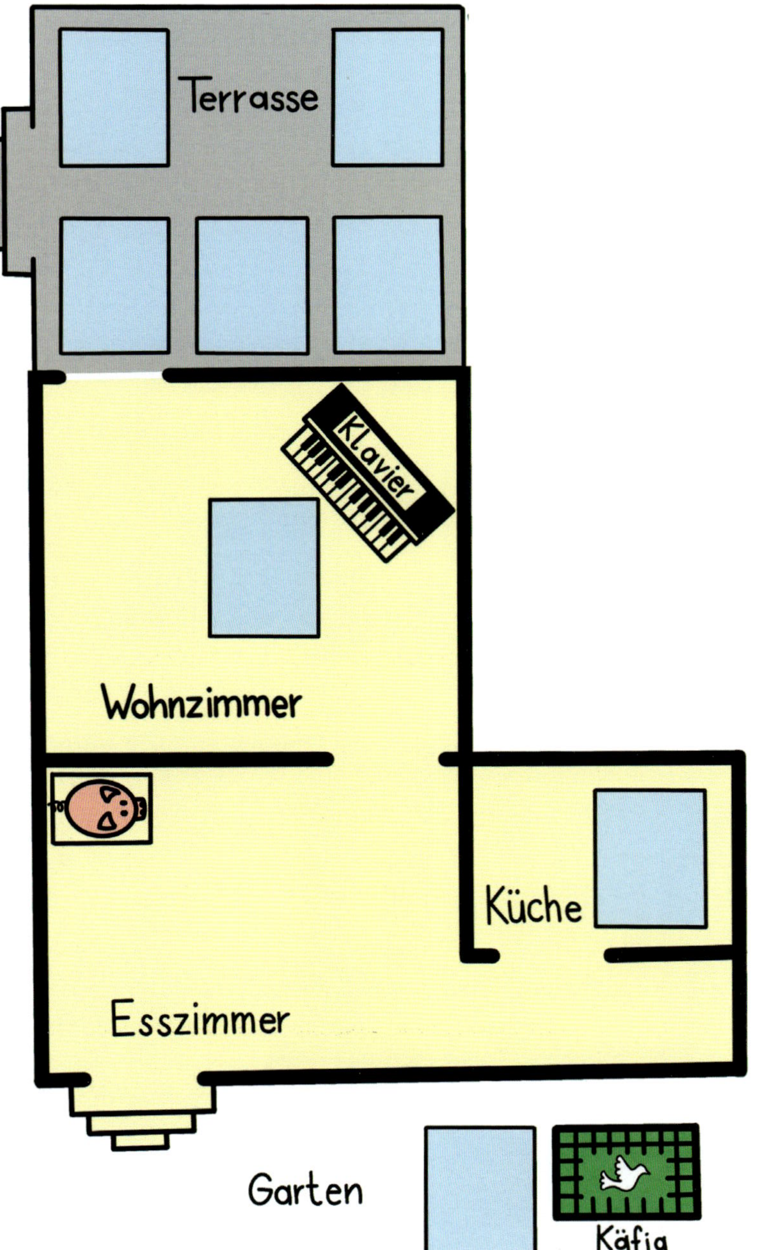

„Jetzt gibt es noch eine Überraschung für Lisa!“, rief Lisas Mutter und ging um das Haus herum in den Garten. Die Gäste folgten ihr und blieben vor dem Taubenkäfig stehen. „Liebe Lisa“, sagte Lisas Mutter fröhlich und stellte sich neben den älteren Herrn. „Das ist Herr Flügge, ein Taubenzüchter. Da Tauben deine Lieblingstiere sind, darfst du diese weißen Tauben jetzt fliegen lassen!“ Die Gäste klatschten begeistert, und Lisa strahlte. Dann holte Herr Flügge einen schneeweißen Vogel nach dem anderen aus dem Käfig, und Lisa ließ sie nacheinander in den Himmel steigen. „Das sind aber sehr schöne Tiere, Herr Flügge!“, sagte Theo Tüftel bewundernd, als der Taubenzüchter den siebten Vogel in der Hand hielt. „Aber wie fangen Sie die Tauben denn wieder ein?“ Da lachte der Taubenzüchter und erklärte: „Das sind doch Brieftauben! Die finden von ganz alleine zu mir nach Hause zurück!“ Als alle sieben Tauben weggeflogen waren, kehrten die Gäste zurück ins Esszimmer, wo es nun Kaffee und Kuchen geben sollte.

Hier stimmt etwas nicht! Suche die Stelle im Text, und schreibe die richtigen Wörter darunter.

Lisa lässt sechs Tauben in den Himmel fliegen.

____

Brieftauben finden immer den Weg zum Meer.

____

Auf der Terrasse soll es nun Kaffee und Kuchen geben.

____

© Verlag an der Ruhr | Autorinnen: Marion Hahnel, Monika Heidtkamp |

Plötzlich schreckte ein Schrei alle auf: „Mein Sparschwein! Jemand hat mein Sparschwein geöffnet!“ Lisa stand vor dem Tisch in der Ecke des Raumes und starrte auf das rosa Tier. Tatsächlich: Der Stöpsel am Bauch des Schweins war offen, und kein einziger Geldschein war übrig. Ringsherum lagen Münzen auf dem Tisch und auf dem Boden. Theo Tüftel betrachtete sie. „Das ist ja seltsam …“, murmelte er und kratzte sich an der Stirn. Lisa versicherte ihm, dass das Schwein noch voll gewesen war, als sie das Esszimmer für die Fotos verlassen hatten. „Na, dann wissen wir ja, wann der Dieb oder die Diebin zugeschlagen hat“, stellte der Detektiv fest. Er ließ sich von allen berichten, wo sie zur Tatzeit gewesen waren. Dann überlegte er: „Der Dieb oder die Diebin muss in der Nähe des Esszimmers gewesen sein. Also kommen nur drei Personen infrage!“

Kreuze die richtige Aussage an.

Der Dieb/die Diebin hat zugeschlagen, als …

❒ *… alle Gäste beim Mittagessen saßen.*

❒ *… das Familienfoto gemacht wurde.*

Welche drei Personen können heimlich ins Esszimmer gegangen sein? Sieh auf dem Lageplan nach (Seite 5). Kreise die Verdächtigen ein.

„Ich werde das Geld schon finden“, tröstete Theo Tüftel Lisa. „Der Täter muss das Geld versteckt haben, schließlich hat nach dem Familienfoto niemand mehr die Feier verlassen!“ Der Detektiv durchsuchte die verdächtigen Personen genau und nahm sich dann das Haus vor: Er öffnete alle Küchenschränke, sah in jeden Kochtopf, leerte die Blumenvasen auf den Tischen aus und schaute in der Speisekammer in jede Nudelpackung. Anschließend machte er im Garten weiter, kroch unter die Büsche, wühlte sich durch das Heu im Taubenstall und drehte jedes einzelne Blatt auf dem Rasen um. Schließlich kehrte er völlig verschwitzt ins Esszimmer zurück, ließ sich erschöpft auf einen Stuhl fallen und murmelte ratlos: „Ich verstehe das nicht! Das Geld ist verschwunden!“ Auch Theo Tüftels Mutter schüttelte den Kopf: „Es kann sich doch nicht in Luft aufgelöst haben!“

Da hellte sich die Miene des Meisterdetektivs auf, und er strahlte seine Mutter an. „Doch, das kann es! Ich wusste doch, dass der Dieb ein schräger Vogel ist! Mir hätte gleich etwas auffallen müssen!“, rief er schmunzelnd und zog sein Handy aus der Tasche, um die Polizei anzurufen.

Wer ist der Dieb und wie hat er das Geld verschwinden lassen?

Du darfst den Tüftel-Tipp ansehen, wenn du nicht weiterweißt!

Täter/Täterin ist ______________________.

So hat er/sie das Geld verschwinden lassen: __________

Vorlesetext zur Auflösung/Tüftel-Tipp

„Moment mal!", rief Theo Tüftel plötzlich und lief Herrn Flügge hinterher, der gerade die drei Stufen zum Garten hinunterstieg. „Ich muss aber jetzt wirklich los!", erklärte dieser und eilte zum Käfig, „meine Tauben können jederzeit zu Hause ankommen!" „Nur keine Eile", sagte Theo Tüftel ruhig, „die Polizei erwartet Ihre Tauben schon. Schließlich haben einige Ihrer Brieftauben wertvolle Post dabei!"
„Was soll denn das heißen?", rief der Taubenzüchter empört und sah den Detektiv wütend an. Inzwischen hatten sich auch die anderen Gäste im Garten versammelt und lauschten gespannt, als Theo Tüftel erklärte: „Das soll heißen, dass Sie das gestohlene Geld mit den Tauben heimgeschickt haben. Deshalb waren auch nur die Geldscheine weg, die Münzen sind für die Vögel zu schwer."
„So eine Frechheit!", schimpfte Herr Flügge nun laut, „Sie waren doch selbst dabei, als die Tauben losgeflogen sind. Da war kein einziger Geldschein dran!"
„Richtig", stellte der Detektiv fest, „die sieben Tauben, die Lisa steigen ließ, hatten kein Geld dabei. Aber drei Ihrer Tauben waren schon vorher weg, schließlich befanden sich zu Beginn der Feier zehn Tauben im Stall." „Sie haben sich sicher verzählt!", versuchte sich Herr Flügge herauszureden und begann nun eilig, seine Sachen zusammenzupacken. In diesem Moment klingelte Theo Tüftels Handy. „Hallo Herr Tüftel!", schrie ein Polizist am anderen Ende der Leitung, während im Hintergrund lautes Gurren und Geflatter zu hören war. „Wir haben das Geld bei den Tauben gefunden! Jetzt müssen wir das Federvieh nur noch davon überzeugen, die Scheine wieder herzugeben!" „Na, dann viel Erfolg!", lachte der Detektiv, legte auf und nahm Herrn Flügge fest. Dann wandte er sich an Lisa, die ihn erwartungsvoll ansah. „Mir hat gerade ein Vögelchen gezwitschert, dass du dein Geld noch heute zurückbekommst! Aber ich fürchte, meine Kollegen und Kolleginnen von der Polizei könnten die Hilfe einer echten Taubenfreundin gebrauchen!" Und so kam es, dass Lisa ihren Lieblingstieren an diesem Tag noch einmal ganz nahe kam.

Lies noch einmal auf Seite 2 nach.

Rätsel für superschnelle Nachwuchsdetektive

Name: ....

1. Bei der Kommunionsfeier wurde .... Musik gespielt.
2. Ein anderes Wort für ein Foto **machen**.
3. Dort stand der Käfig.
4. Wo wurde das Familienfoto gemacht?
5. Das tat Theo Tüftel, als er nach dem Essen von seinem Stuhl aufstand.
6. Theo Tüftel aß gleich zwei ....!
7. Das taten die Gäste, als sie von Lisas Überraschung erfuhren.
8. Diese Farbe hatten die Tauben.
9. Was befand sich am Bauch des Sparschweins?
10. Dort kratzte sich der Meisterdetektiv, als er überlegte.
11. In der Speisekammer suchte Theo Tüftel das Geld in der ....

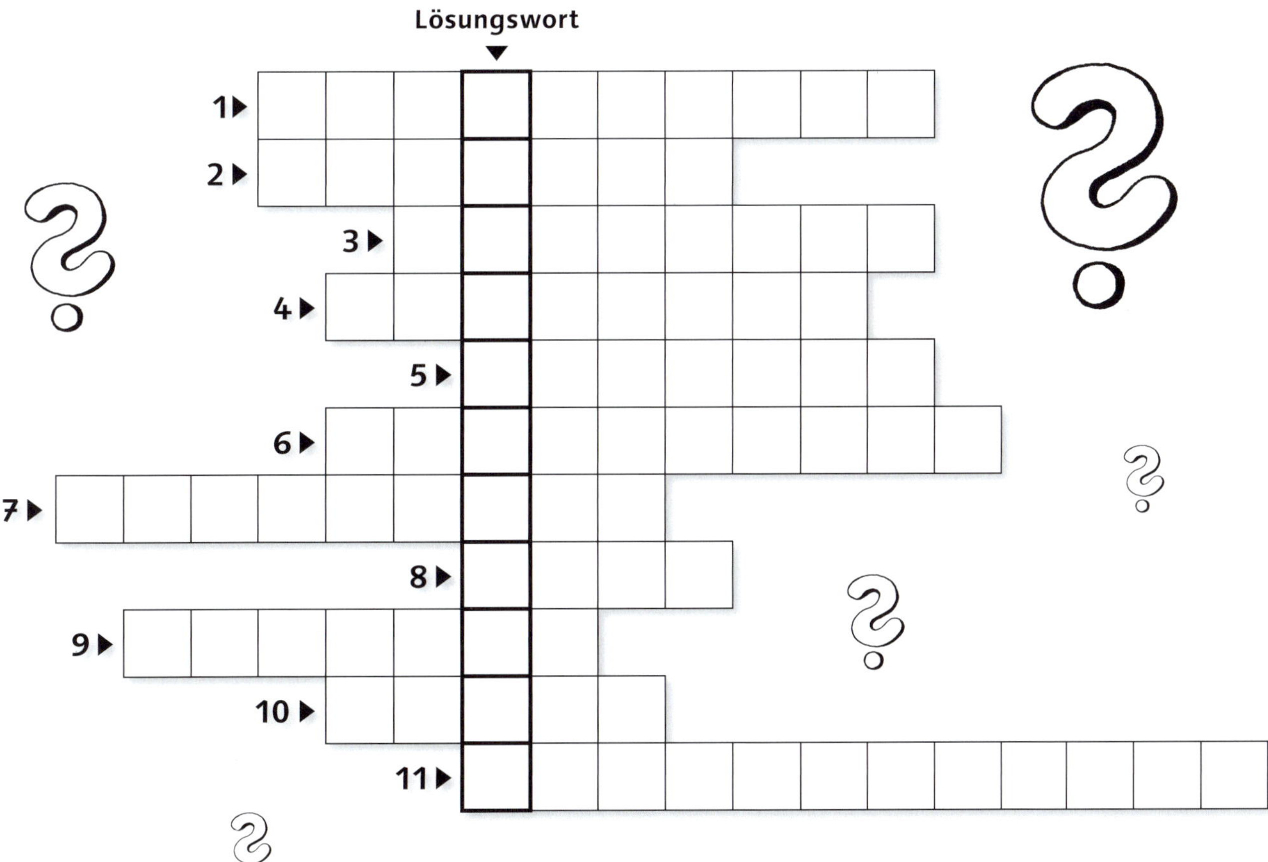

Lösungswort: ....

Bild- und Textvorlagen (1/3)

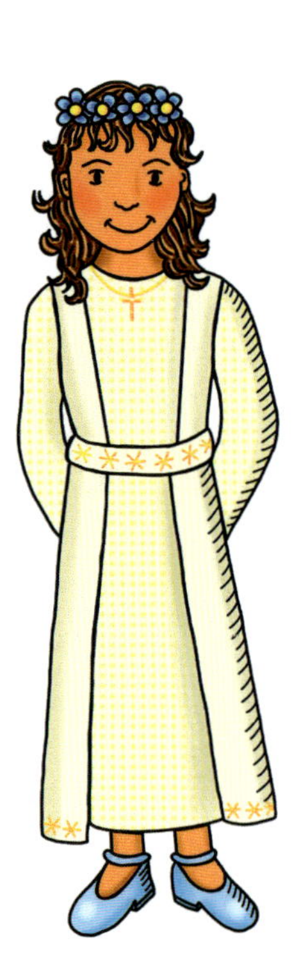

Bild- und Textvorlagen (2/3)

Terrasse

Klavier

Wohnzimmer

Küche

Esszimmer

Garten

Käfig

Bild- und Textvorlagen (3/3)

Eine leichte Beute	
Lisa	Frau Blitz
Pfarrer	älterer Herr
Herr Moll	Herr Flügge
Herr Löffel	Lisas Mutter
Theo Tüftels Mutter	

Platz für Notizen

Medientipps

Hintergrundliteratur

Lenhard, Wolfgang:
Leseverständnis und Lesekompetenz: Grundlagen – Diagnostik – Förderung.
(Lehren und Lernen)
Kohlhammer Verlag, 2019.
ISBN 978-3-1703-5017-5

Rosebrock, Cornelia; Nix, Daniel:
Grundlagen der Lesedidaktik und der systematischen schulischen Leseförderung.
Schneider Verlag Hohengehren, 2020.
ISBN 978-3-8340-2036-9

Schulz, Gudrun (Hrsg.):
Lesen – Didaktik für die Grundschule.
Cornelsen Verlag Scriptor, 2012.
ISBN 978-3-589-16243-7

Materialien für den Unterricht

Berning, Johanna:
Lesespurgeschichten für die Grundschule – Wald-Abenteuer.
Differenzierte Geschichten für den Deutschunterricht, inkl. Zusatzmaterial. Klasse 2/3.
Verlag an der Ruhr, 2023.
ISBN 978-3-8346-4876-1

Kaiser, Meike:
Fördermaterial Leseflüssigkeit – Klasse 3–5.
Kopiervorlagen und Übungen zur Steigerung der Lesefertigkeit, mit digitalen Übungen.
Verlag an der Ruhr, 2023.
ISBN 978-3-8346-4873-0

Putschbach, Jasmin:
Konzentriertes Lesetraining – Klasse 3/4.
Kopiervorlagen und Übungen zur spielerischen Leseförderung.
Verlag an der Ruhr, 2024.
ISBN 978-3-8346-6695-6

Ziegler, Sina:
Lesekompetenz in der Grundschule mit Bewegung fördern.
Lesen üben mit Lesespiel, Lesespaziergang & Co., Klasse 2/3.
Verlag an der Ruhr, 2024.
ISBN 978-3-8346-6352-8

Merk-Poster für den Klassenraum

Deutsch-Wissen auf einen Blick – Klasse 1/2.
Verlag an der Ruhr, 2011.
ISBN 978-3-8346-0866-6

Deutsch-Wissen auf einen Blick – Klasse 3/4.
Verlag an der Ruhr, 2011.
ISBN 978-3-8346-0867-3

Grabe, Astrid; Mucha, Andrea:
Geschichtenschreiben – Grundlagen.
Verlag an der Ruhr, 2012.
ISBN 978-3-8346-0944-1

Grabe, Astrid; Mucha, Andrea:
Geschichtenschreiben – Aufbauwissen.
Verlag an der Ruhr, 2012.
ISBN 978-3-8346-0945-8

Stang, Christian (Hrsg.):
Rechtschreibung – Grundlagen.
Verlag an der Ruhr, 2013.
ISBN 978-3-8346-2253-2

Stang, Christian (Hrsg.):
Rechtschreibung – Aufbauwissen.
Verlag an der Ruhr, 2013.
ISBN 978-3-8346-2254-9